M. Contini • D. Frascoli • P.C. Notaro • P. Perrella

LIVELLO A1 / A2

GRAMMATICA di BASE
CON ESERCIZI

ALMA Edizioni

adatto ai corsi dei Centri Provinciali
per l'Istruzione degli Adulti

Gli autori di **GRAMMATICA DI BASE** lavorano da più di 20 anni come docenti di italiano. Hanno insegnato in diversi contesti: scuole di base, università, scuole private di lingue, aziende, italiano LS (in Egitto, Tunisia, USA, Irlanda e Spagna).
Oggi sono impegnati prevalentemente nei corsi di italiano L2 per migranti, soprattutto nello sviluppo delle competenze dal livello preA1 al livello A2 e nell'alfabetizzazione primaria per utenti non alfabetizzati.
Parallelamente all'attività di docenza, conducono corsi di formazione in glottodidattica in ambito universitario, nei CPIA, nelle scuole di base, nei centri di formazione e nelle associazioni di volontariato.
Sono autori di materiali didattici e strumenti per la valutazione delle competenze linguistiche.

Direzione editoriale Ciro Massimo Naddeo
Redazione Chiara Sandri
Consulenza scientifica Antonella Bolzoni

Copertina Lucia Cesarone
Progetto grafico Lucia Cesarone e Enrica Fantoni
Impaginazione Enrica Fantoni
Illustrazioni Roberto Ghizzo

© 2018 ALMA Edizioni – Firenze
Tutti i diritti riservati

Printed in Italy

ISBN 978-88-6182-606-9

Prima edizione: novembre 2018

ALMA Edizioni
via Bonifacio Lupi, 7
50129 Firenze
info@almaedizioni.it
www.almaedizioni.it

L'Editore è a disposizione degli aventi diritto per eventuali mancanze o inesattezze.
I diritti di traduzione, di memorizzazione elettronica, di riproduzione o di adattamento
totale o parziale, con qualsiasi mezzo (compresi i microfilm, le riproduzioni digitali
e le copie fotostatiche), sono riservati per tutti i Paesi.

FONTI ICONOGRAFICHE copertina | RudchenkoLiliia/Shutterstock p. 19 | Rawpixelcom/Shutterstock, Eric Isselee/Shutterstock, szefei/Shutterstock p. 26 | Halfbottle/Shutterstock p.30 | Daxiao Productions/Shutterstock, michaeljung/Shutterstock,PanicAttack/Shutterstock p. 43 | warrengoldswain/123rf p. 44 | Businessplus/Shutterstock, Christopher Meder/Shutterstock, tan4ikk/123rf p. 45 | PHILIPIMAGE/Shutterstock, Daxiao Productions/Shutterstock p. 49 | Billion Photos/Shutterstock p. 64 | Aboutlife/Shutterstock, michaelijung/Shutterstock, PointlImages/Shutterstock p. 73 | Y Photo Studio/Shutterstock, wavebreakmedia/Shutterstock, Kryvenok Anastasiia/Shutterstock, Monkey Business Images/Shutterstock, Maridav/Shutterstock, sirtravelalot/Shutterstock, Arisara T/Shutterstock, serezniy/123rf p. 74 | sirtravelalot/Shutterstock, racorn/123rf, marino bobelli/Shutterstock, Monkey Business Images/Shutterstock p. 75 |majivecka/123rf, Nikolai Grigoriev/123rf, Gordana Damjanovic/123rf, Sanja Bojanovic/123rf, nebojsa78/123rf, Adrian Hillman/123rf p. 76 |majivecka/123rf, Nikolai Grigoriev/123rf, Gordana Damjanovic/123rf, Sanja Bojanovic/123rf, nebojsa78/123rf, Adrian Hillman/123rf

INDICE

1. L'ALFABETO — PAGINA 4
2. I NOMI — PAGINA 7
3. GLI ARTICOLI — PAGINA 13
4. GLI AGGETTIVI — PAGINA 18
5. I NUMERI — PAGINA 31
6. GLI INTERROGATIVI — PAGINA 33
7. I PRONOMI PERSONALI — PAGINA 36
8. IL VERBO ESSERE — PAGINA 38
9. IL VERBO AVERE — PAGINA 42
10. LA NEGAZIONE — PAGINA 45
11. I VERBI: IL PRESENTE — PAGINA 46
12. I VERBI: IL PASSATO PROSSIMO — PAGINA 65
13. LE PREPOSIZIONI E LE ESPRESSIONI DI LUOGO — PAGINA 81
14. GLI AVVERBI — PAGINA 89

SOLUZIONI — PAGINA 93

1 ▸ L'ALFABETO

L'ALFABETO ITALIANO HA 21 LETTERE.
LE LETTERE **A, E, I, O, U** SI CHIAMANO **VOCALI**.
TUTTE LE ALTRE LETTERE SI CHIAMANO **CONSONANTI**.

A	B	C	D	E	F
A	BI	CI	DI	E	EFFE
G	H	I	L	M	N
GI	ACCA	I	ELLE	EMME	ENNE
O	P	Q	R	S	T
O	PI	CU	ERRE	ESSE	TI
U	V	Z			
U	VU	ZETA			

1 COLLEGA LE PAROLE ALLE IMMAGINI, COME NELL'ESEMPIO.

AEREO

1.
2.
DIVANO
GATTO
3.
LUNA
4.
OROLOGIO
5.
RISO
6.
UOVO
7.
BANANA
8.
NASO
9.
VELO
10.

PAGINA 4 — GRAMMATICA di BASE – con ESERCIZI

1 ▶ L'ALFABETO

11. CASA
12. FIORE
13. ITALIA
14. ELEFANTE
15. QUADRO
16. TAVOLO
17. ZAINO
18. MANO
19. PANE
20. SOLE

2 PER OGNI LETTERA, PRONUNCIA IL NOME DELL'IMMAGINE.

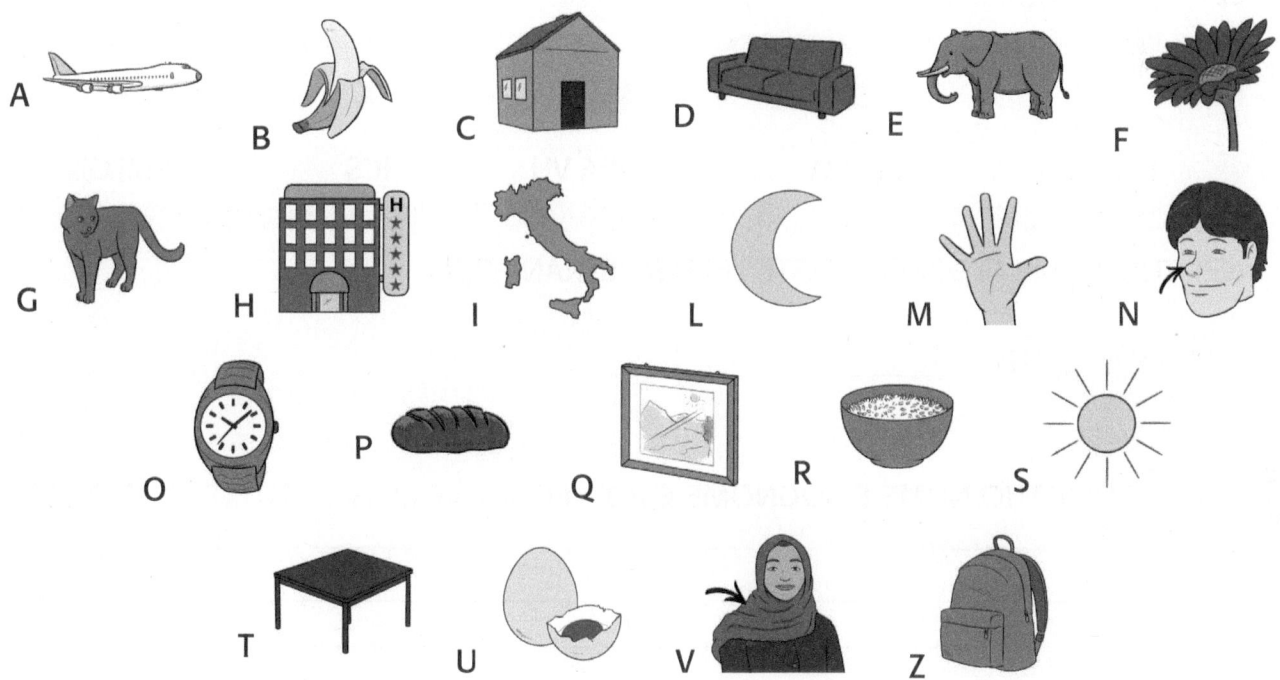

1 ▶ L'ALFABETO

3 SOSTITUISCI UNA VOCALE (**A, E, I, O, U**) E FORMA DELLE PAROLE NUOVE, COME NELL'ESEMPIO.

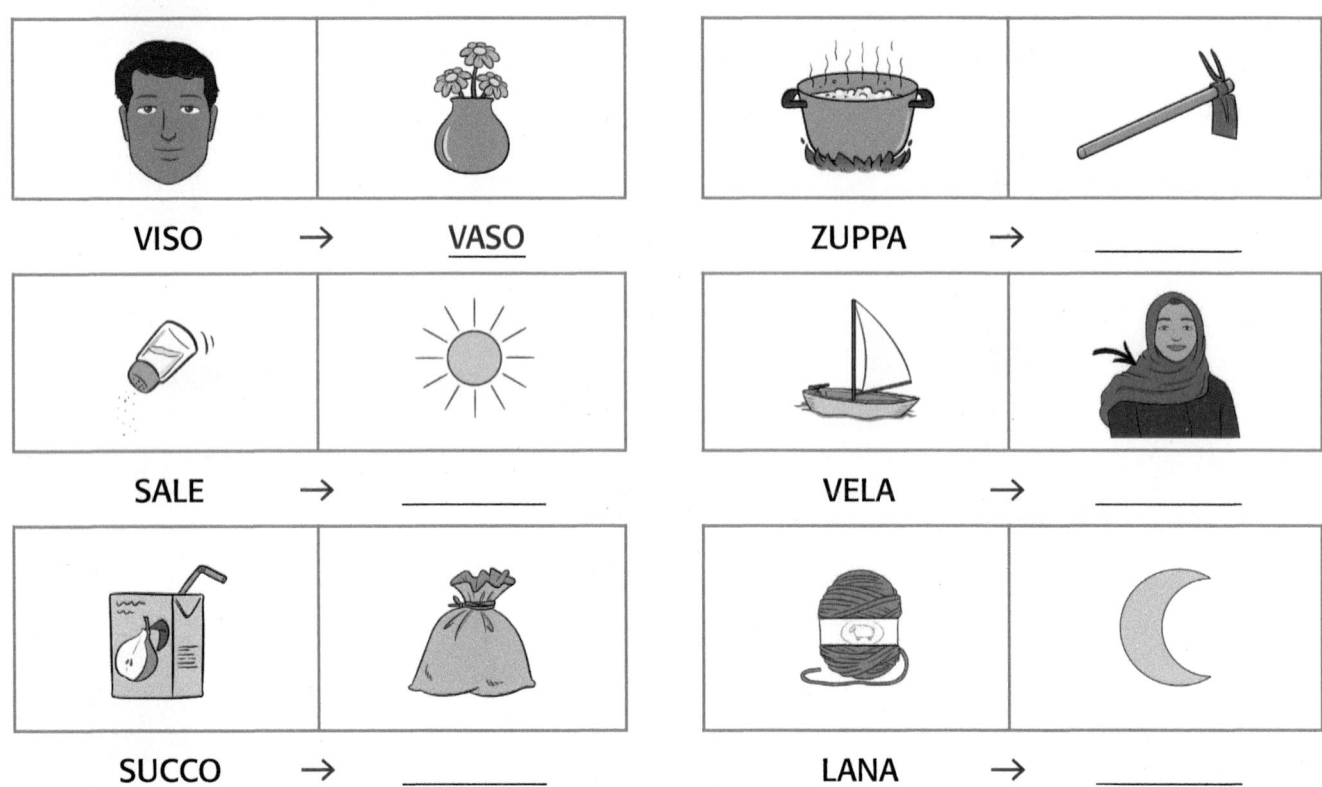

VISO → VASO

ZUPPA → _____

SALE → _____

VELA → _____

SUCCO → _____

LANA → _____

4 PER SCRIVERE ALCUNE PAROLE COME **JEANS, YOGURT, WI-FI, TAXI**, USIAMO QUESTE LETTERE STRANIERE.

J	K	W	X	Y
I LUNGA	CAPPA	DOPPIA VU	ICS	IPSILON

NEL TUO NOME CI SONO QUESTE LETTERE STRANIERE?

☑ SÌ   ☐ NO   QUALI? _____

5 SCRIVI QUI IL TUO NOME E COGNOME E POI LEGGI A VOCE ALTA TUTTE LE LETTERE.

_____
_____

2 ▸ I NOMI

IL GENERE

1 LEGGI QUESTI NOMI. SONO NOMI DA UOMO 👨 O DA DONNA 👩?
COMPLETA LA TABELLA, COME NELL'ESEMPIO.

FRANCESCO   MARIA   PAOLA   ALBERTO   DANIELA
PIERO   GIORGIO   ANTONELLA   ✓ SOFIA

👨	👩
	SOFIA

I NOMI ITALIANI SONO **MASCHILI** 👨 O **FEMMINILI** 👩.
DI SOLITO I NOMI CHE FINISCONO CON LA LETTERA **-O** SONO **MASCHILI**.
DI SOLITO I NOMI CHE FINISCONO CON LA LETTERA **-A** SONO **FEMMINILI**.

ANCHE I NOMI DELLE COSE, DEGLI ANIMALI E DELLE PIANTE SI DIVIDONO IN **MASCHILI** E **FEMMINILI**.

2 COMPLETA LA TABELLA, COME NELL'ESEMPIO.

TAVOLO   APPARTAMENTO   CASA   BICICLETTA   ✓ BOTTIGLIA
TELEFONO   MATITA   GATTO   ROSA   ALBERO

MASCHILE 👨	FEMMINILE 👩
	BOTTIGLIA

2 ▸ I NOMI

> **ATTENZIONE!**
> CI SONO NOMI CHE AL SINGOLARE FINISCONO CON LA LETTERA **-E**.

ALCUNI NOMI SONO **MASCHILI**, PER ESEMPIO **ASCENSORE**.
ALTRI ESEMPI SONO: **CANE, CELLULARE, COMUNE, ELEFANTE, FIORE, LIMONE, MESE, PADRE, PAESE, PANE**.

ALTRI NOMI SONO **FEMMINILI**, PER ESEMPIO **TELEVISIONE**.
ALTRI ESEMPI SONO: **CHIAVE, CLASSE, ESTATE, LEGGE, LUCE, PELLE, STAGIONE, STAZIONE**.

MASCHILE SINGOLARE 👤		FEMMINILE SINGOLARE 👤	
BAMBIN**O**	ASCENSOR**E**	RAGAZZ**A**	TELEVISION**E**

> **ATTENZIONE!**
>
> - ALCUNI NOMI TERMINANO CON LA LETTERA **-O** MA SONO **FEMMINILI**,
>   PER ESEMPIO **MANO**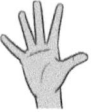
>
> - ALCUNI NOMI TERMINANO CON LA LETTERA **-A** MA SONO **MASCHILI**,
>   PER ESEMPIO **PIGIAMA**
>
> - ALCUNI NOMI DI PERSONA CHE TERMINANO CON LA LETTERA **-E** E CON **-ISTA** POSSONO ESSERE SIA **MASCHILI** SIA **FEMMINILI**.

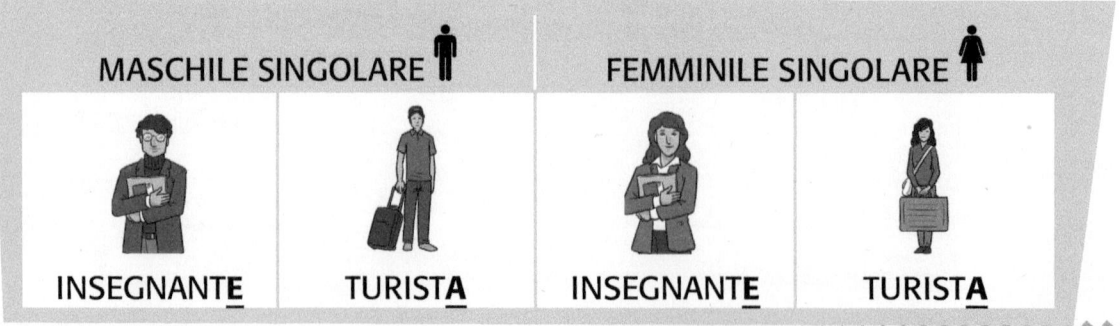

MASCHILE SINGOLARE 👤		FEMMINILE SINGOLARE 👤	
INSEGNANT**E**	TURIST**A**	INSEGNANT**E**	TURIST**A**

2 ▸ I NOMI

3 COMPLETA LA TABELLA CON QUESTE PAROLE, COME NEGLI ESEMPI.

MASCHILE 👨	FEMMINILE 👩
AEREO	BICICLETTA

GRAMMATICA di BASE – con ESERCIZI   PAGINA 9

2 ▸ I NOMI

IL NUMERO

IL NOME È **SINGOLARE** QUANDO PARLO DI <u>UNA</u> COSA O PERSONA.

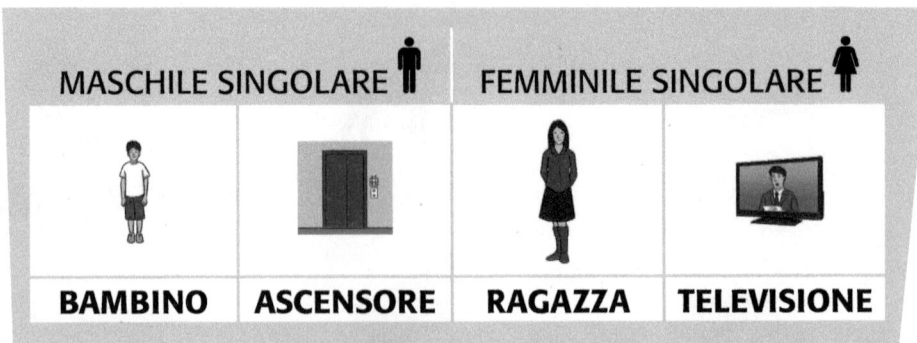

IL NOME È **PLURALE** QUANDO PARLO DI <u>DUE O PIÙ</u> COSE O PERSONE.

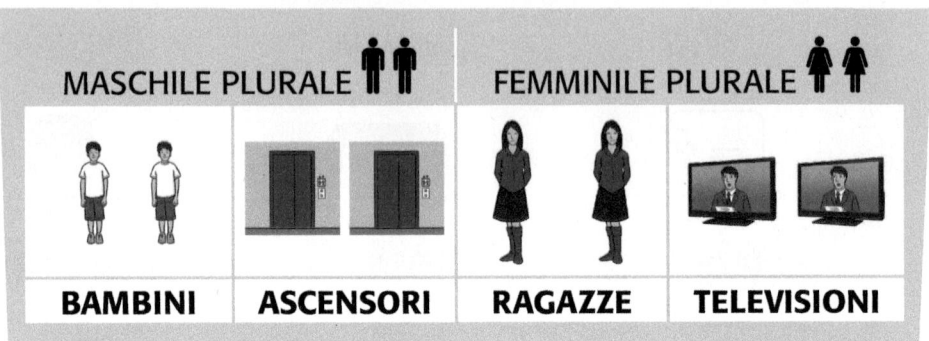

I NOMI CHE AL SINGOLARE FINISCONO CON LA LETTERA **-O**, DI SOLITO AL PLURALE FINISCONO CON LA LETTERA **-I**.

I NOMI CHE AL SINGOLARE FINISCONO CON LA LETTERA **-A**, DI SOLITO AL PLURALE FINISCONO CON LA LETTERA **-E**.

I NOMI CHE AL SINGOLARE FINISCONO CON LA LETTERA **-E**, DI SOLITO AL PLURALE FINISCONO CON LA LETTERA **-I**.

MASCHILE SINGOLARE		MASCHILE PLURALE	
BAMBIN**O**	ASCENSOR**E**	BAMBIN**I**	ASCENSOR**I**

FEMMINILE SINGOLARE		FEMMINILE PLURALE	
RAGAZZ**A**	TELEVISION**E**	RAGAZZ**E**	TELEVISION**I**

2 ▸ I NOMI

4 COMPLETA LA TABELLA CON IL PLURALE DEI NOMI, COME NELL'ESEMPIO.

SINGOLARE	PLURALE
BORSA	BORSE
APPARTAMENTO	
CASA	
BICICLETTA	
CLASSE	
GATTO	
STAZIONE	
FIORE	
TELEFONO	
ELEFANTE	

ATTENZIONE!

ALCUNI NOMI DI PARTI DEL CORPO HANNO IL PLURALE IRREGOLARE

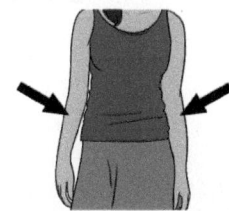

BRACCIO → **BRACCIA**

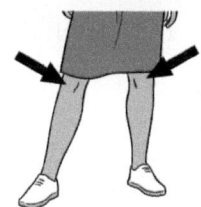

GINOCCHIO → **GINOCCHIA**

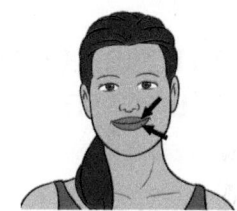

LABBRO → **LABBRA**

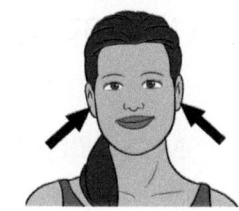

ORECCHIO → **ORECCHIE**

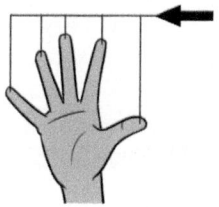

DITO → **DITA**

5 COMPLETA LA TABELLA CON IL SINGOLARE O IL PLURALE DEI NOMI, COME NEGLI ESEMPI.

SINGOLARE	PLURALE
ELEFANTE	ELEFANTI
FRATELLO	FRATELLI
GOMMA	
	INSEGNANTI
LUCE	
	MARITI
NOME	
	NONNE
ORA	
	PIATTI
QUADERNO	
	STUDENTESSE

2 ▸ I NOMI

6 COMPLETA LA TABELLA CON QUESTE PAROLE, COME NELL'ESEMPIO.

✓ BAMBINO   COGNOMI   COMUNE   ESTATE   FRAGOLA   TELEFONO
FRATELLI   GATTI   MAESTRE   STAZIONI   MATTINA   PORTE

MASCHILE SINGOLARE	MASCHILE PLURALE
BAMBINO	

FEMMINILE SINGOLARE	FEMMINILE PLURALE

7 GUARDA LE TABELLE DELL'ATTIVITÀ **6** A PAGINA 12. I NOMI CHE TERMINANO CON LA LETTERA **-E** POSSONO ESSERE DI TRE TIPI:

- MASCHILI SINGOLARI
- FEMMINILI SINGOLARI
- FEMMINILI PLURALI

COMPLETA LA TABELLA CON QUESTE PAROLE, COME NELL'ESEMPIO.

✓ CASE   DONNE   LEGGE   MESE   MOGLIE   PADRE   PAESE   PELLE   PERSONE

MASCHILE SINGOLARE

FEMMINILE SINGOLARE	FEMMINILI PLURALE
	CASE

GRAMMATICA di BASE – con ESERCIZI

3 ▸ GLI ARTICOLI

IN ITALIANO DAVANTI AI NOMI USIAMO GLI **ARTICOLI**.
GLI ARTICOLI CAMBIANO CON IL **GENERE** (MASCHILE E FEMMINILE) E CON IL **NUMERO** (SINGOLARE E PLURALE) DELLA PAROLA CHE SEGUE.

GLI ARTICOLI DETERMINATIVI

USIAMO GLI ARTICOLI DETERMINATIVI PER PARLARE DI COSE E PERSONE SPECIFICHE, PRECISE, CHE CONOSCIAMO.

> **LA** CASA DI CARLA È GRANDE.   **IL** FRATELLO DI MARIA SI CHIAMA LUIS.

1 QUESTI SONO GLI ARTICOLI DETERMINATIVI MASCHILI. SCRIVI L'ARTICOLO DI **LIBRO**.

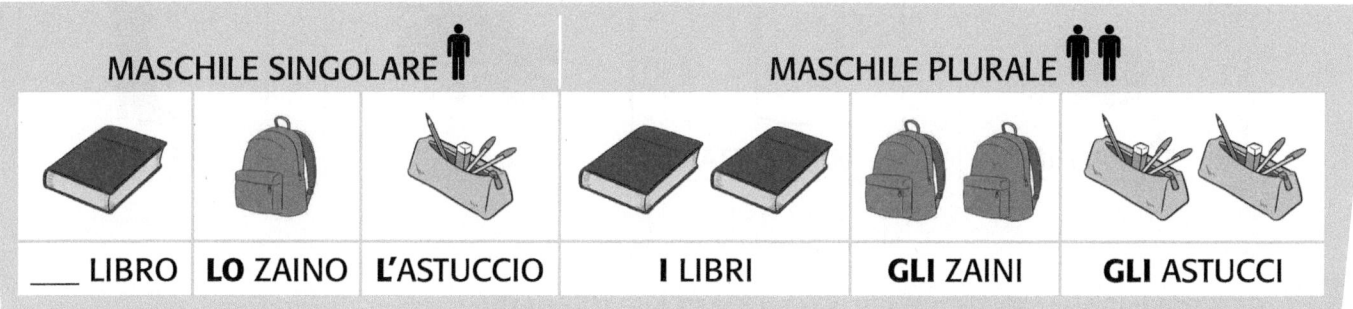

MASCHILE SINGOLARE			MASCHILE PLURALE		
___ LIBRO	**LO** ZAINO	**L'**ASTUCCIO	**I** LIBRI	**GLI** ZAINI	**GLI** ASTUCCI

USIAMO **LO** E **GLI** CON I NOMI CHE COMINCIANO CON LA LETTERA **Z**, CON LA LETTERA **S** SEGUITA DA CONSONANTE (PER ESEMPIO <u>S</u>CONTO, <u>S</u>PECCHIO, <u>S</u>TUDENTE) CON LE LETTERE **PS** (PER ESEMPIO <u>PS</u>ICOLOGO), CON LE LETTERE **PN** (PER ESEMPIO <u>PN</u>EUMATICO), CON LE LETTERE **GN** (PER ESEMPIO <u>GN</u>U) E CON LA LETTERA **Y** (PER ESEMPIO <u>Y</u>OGURT).
USIAMO **L'** E **GLI** CON I NOMI CHE COMINCIANO CON UNA VOCALE.
NEGLI ALTRI CASI USIAMO **IL** E **I**.

2 QUESTI SONO GLI ARTICOLI DETERMINATIVI FEMMINILI. SCRIVI L'ARTICOLO DI **PENNA**.

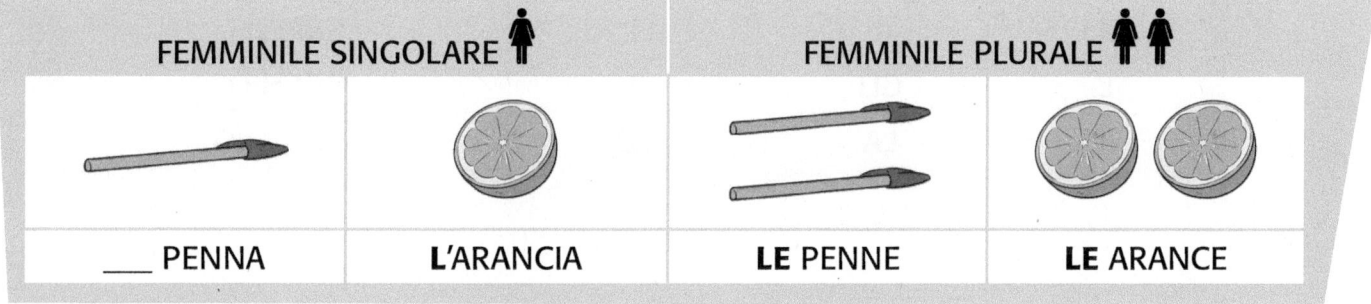

FEMMINILE SINGOLARE		FEMMINILE PLURALE	
___ PENNA	**L'**ARANCIA	**LE** PENNE	**LE** ARANCE

USIAMO **LA** E **LE** CON I NOMI CHE COMINCIANO CON UNA CONSONANTE.
USIAMO **L'** E **LE** CON I NOMI CHE COMINCIANO CON UNA VOCALE.

3 ▸ GLI ARTICOLI

3 COLLEGA LE IMMAGINI CON GLI ARTICOLI GIUSTI, COME NELL'ESEMPIO.

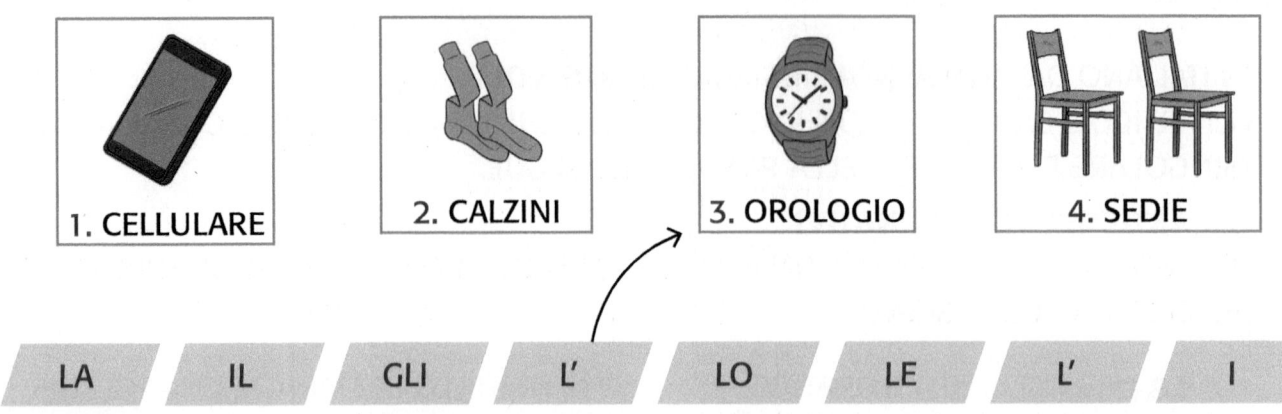

| LA | IL | GLI | L' | LO | LE | L' | I |

  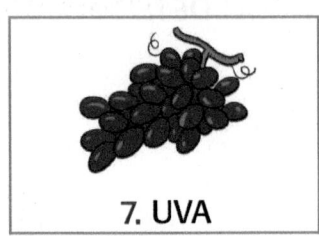 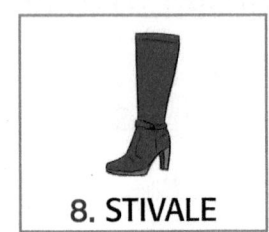

5. SPAGHETTI   6. MAGLIETTA   7. UVA   8. STIVALE

4 SOTTOLINEA L'ARTICOLO GIUSTO, COME NELL'ESEMPIO.

<u>L'</u>	LA	LE	AMICA
LO	GLI	IL	POMODORO
I	GLI	LO	STUDENTI
IL	LE	I	BAMBINI
LE	L'	GLI	INSEGNANTE
GLI	I	L'	ARMADI
LA	LE	GLI	SORELLE
GLI	IL	I	CAPELLI
L'	GLI	I	OCCHIO
IL	LA	LO	SPECCHIO

3 ▸ GLI ARTICOLI

5 COMPLETA LE FRASI CON GLI ARTICOLI DETERMINATIVI, COME NELL'ESEMPIO.

A. OGGI HO COMPRATO <u>GLI</u> OCCHIALI DA SOLE PER ANDARE AL MARE.
B. _____ STUDENTI SONO ARRIVATI IN RITARDO A SCUOLA.
C. A PRANZO MANGIO SOLO _____ INSALATA PERCHÉ NON HO FAME.
D. MARCO, PRENDI _____ OMBRELLO PERCHÉ PIOVE!
E. _____ RAGAZZI VANNO AL PARCO A GIOCARE A CALCIO.
F. SARA VA AL LAVORO CON _____ BICICLETTA TUTTI _____ GIORNI.
G. _____ MIO PIATTO PREFERITO È _____ PIZZA MARGHERITA.
H. _____ ZIO DI ANNA LAVORA IN BANCA.

6 COMPLETA LA TABELLA CON IL SINGOLARE O IL PLURALE DEGLI ARTICOLI, COME NELL'ESEMPIO.

SINGOLARE	PLURALE
LA PIAZZA	<u>LE</u> PIAZZE
_____ ISOLA	LE ISOLE
LA FAMIGLIA	_____ FAMIGLIE
LO STRANIERO	_____ STRANIERI
L' ALBERO	_____ ALBERI
_____ LIBRO	I LIBRI
_____ SPAZZOLINO	GLI SPAZZOLINI
_____ OROLOGIO	GLI OROLOGI
LA STRADA	_____ STRADE
IL PARCO	_____ PARCHI

7 SOTTOLINEA GLI ARTICOLI SBAGLIATI E SCRIVI GLI ARTICOLI GIUSTI, COME NELL'ESEMPIO.

A. <u>IL</u> ASTUCCIO E IL LIBRO DI CHIARA SONO SUL TAVOLO IN CUCINA.   <u>L'</u>
B. IL SPORT PREFERITO DI MOHAMED È LA PALLAVOLO.   _____
C. AL SUPERMERCATO COMPRO IL YOGURT, LA CARNE E LE MELE.   _____
D. GLI STUDENTI NON HANNO FATTO I ESERCIZI DI INGLESE.   _____
E. I ZII DI CARLOTTA SONO ARRIVATI IERI CON IL TRENO DELLE DUE.   _____
F. LE PENNE E LA MATITE SONO SULLA SCRIVANIA SOTTO I LIBRI.   _____
G. I STIVALI VERDI SONO DI LUCIA E LA MAGLIETTA ROSA È MIA.   _____
H. PER VENIRE A CASA MIA DEVI PRENDERE IL TRENO E LO AUTOBUS.   _____

3 ▸ GLI ARTICOLI

GLI ARTICOLI INDETERMINATIVI

USIAMO GLI ARTICOLI INDETERMINATIVI PER PARLARE DI UNA PERSONA O COSA GENERICA, CHE NON CONOSCIAMO.

MARIA HA **UNA** CASA NUOVA.   CERCO **UN** IDRAULICO.

QUESTI SONO GLI ARTICOLI INDETERMINATIVI SINGOLARI.

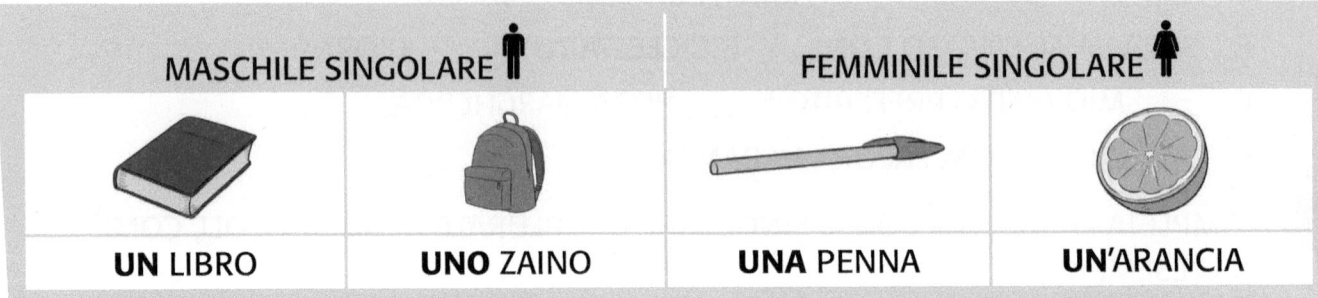

MASCHILE SINGOLARE		FEMMINILE SINGOLARE	
UN LIBRO	**UNO** ZAINO	**UNA** PENNA	**UN'**ARANCIA

PER IL PLURALE USIAMO IL NUMERO (**DUE, TRE,**…) O ALTRE PAROLE (**UN PO' DI, MOLTI,**…).

8 GUARDA L'IMMAGINE E SCRIVI I NOMI DEGLI OGGETTI NELLA TABELLA, COME NELL'ESEMPIO.

UN	UNO	UNA
		BORSA

3 ▸ GLI ARTICOLI

9 COMPLETA LE FRASI CON L'ARTICOLO INDETERMINATIVO, COME NELL'ESEMPIO.

A. HO COMPRATO <u>UNA</u> NUOVA MACCHINA.
B. GIULIA HA ____ FRATELLO PIÙ GRANDE E ____ SORELLA PIÙ PICCOLA.
C. A MERENDA MANGIO SEMPRE ____ ARANCIA E ____ PANINO CON LA MARMELLATA.
D. DEVO COMPRARE ____ ZAINO NUOVO PERCHÉ IL MIO È ROTTO.
E. NELLA MIA CAMERA C'È ____ SCRIVANIA MOLTO BELLA E ____ ARMADIO MOLTO GRANDE.
F. IERI ____ AMICA DI MIO FRATELLO SI È SPOSATA CON PAOLO.
G. A SCUOLA ABBIAMO FATTO ____ ESERCIZIO MOLTO DIFFICILE.
H. IN BAGNO C'È ____ SPECCHIO NUOVO.
I. NEL GIARDINO DELLA SCUOLA C'È ____ ALBERO MOLTO PROFUMATO.
L. VORREI ____ GELATO AL CIOCCOLATO E ____ ACQUA NATURALE, GRAZIE.

10 COMPLETA LA TABELLA CON QUESTE PAROLE, COME NELL'ESEMPIO.

ORA   STRADA   QUADERNO   NEGOZIO   FOTOGRAFIA
✓ALBERGO   UOMO   RAGAZZA   CELLULARE   STRANIERO
CAMICIA   BIGLIETTO   YOGURT   SPORT   AMICA
STADIO   BICCHIERE   PORTA   LETTO   PANINO
GONNA   INSALATA   IMMAGINE   STUDIO

UN	UNO	UNA	UN'
ALBERGO			

4 ▸ GLI AGGETTIVI

GLI AGGETTIVI QUALIFICATIVI

GLI AGGETTIVI QUALIFICATIVI SERVONO A **DESCRIVERE** LE COSE O LE PERSONE. GLI AGGETTIVI HANNO LO STESSO GENERE E LO STESSO NUMERO DEL NOME CHE DESCRIVONO, PER ESEMPIO:

- QUANDO IL NOME È FEMMINILE E SINGOLARE, ANCHE L'AGGETTIVO È FEMMINILE E SINGOLARE

    LA RAGAZZ**A** ALT**A**

- QUANDO IL NOME È MASCHILE E PLURALE, ANCHE L'AGGETTIVO È MASCHILE E PLURALE

    I BAMBIN**I** PICCOL**I**

DI SOLITO, GLI AGGETTIVI FINISCONO:
- CON LA LETTERA **-O** QUANDO SONO MASCHILI, SINGOLARI.
- CON LA LETTERA **-A** QUANDO SONO FEMMINILI, SINGOLARI.
- CON LA LETTERA **-I** QUANDO SONO MASCHILI, PLURALI.
- CON LA LETTERA **-E** QUANDO SONO FEMMINILI, PLURALI.

MASCHILE SINGOLARE	FEMMINILE SINGOLARE	MASCHILE PLURALE	FEMMINILE PLURALE
ALT**O**	ALT**A**	ALT**I**	ALT**E**

ALTRI AGGETTIVI FINISCONO CON LA LETTERA **–E** E SONO UGUALI AL MASCHILE E AL FEMMINILE. AL PLURALE FINISCONO CON LA LETTERA **–I**.

MASCHILE SINGOLARE	FEMMINILE SINGOLARE	MASCHILE PLURALE	FEMMINILE PLURALE
GIOVAN**E**	GIOVAN**E**	GIOVAN**I**	GIOVAN**I**

ATTENZIONE!

GLI AGGETTIVI DI COLORE **ROSA, VIOLA, LILLA, BLU** HANNO LA STESSA FORMA AL MASCHILE E FEMMINILE E AL SINGOLARE E PLURALE (PER ESEMPIO **UN LIBRO VIOLA, CINQUE LIBRI VIOLA, UNA BORSA VIOLA, DIECI BORSE VIOLA**).

4 ▸ GLI AGGETTIVI

1 COLLEGA I CONTRARI, COME NELL'ESEMPIO.

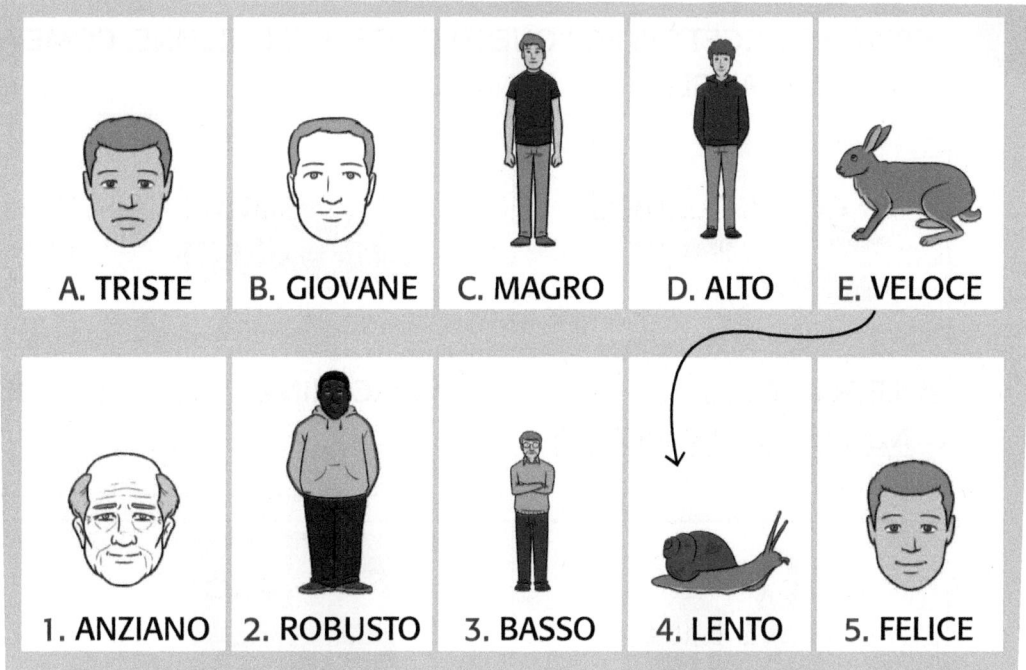

A. TRISTE   B. GIOVANE   C. MAGRO   D. ALTO   E. VELOCE

1. ANZIANO   2. ROBUSTO   3. BASSO   4. LENTO   5. FELICE

2 COLLEGA I CONTRARI, COME NELL'ESEMPIO.

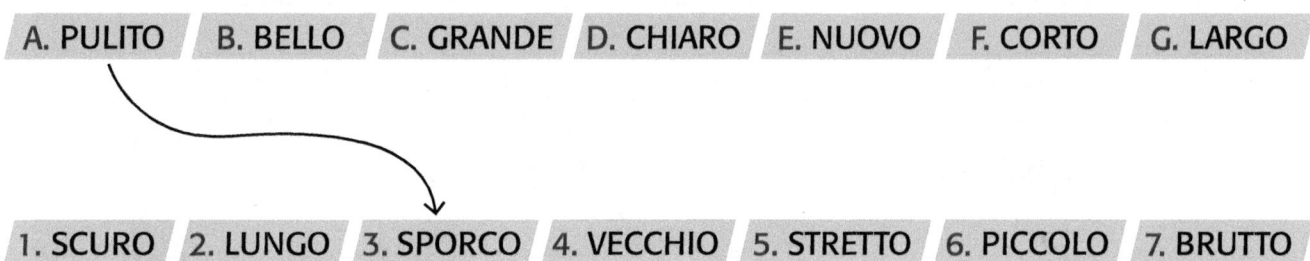

A. PULITO   B. BELLO   C. GRANDE   D. CHIARO   E. NUOVO   F. CORTO   G. LARGO

1. SCURO   2. LUNGO   3. SPORCO   4. VECCHIO   5. STRETTO   6. PICCOLO   7. BRUTTO

3 SOTTOLINEA L'AGGETTIVO GIUSTO, COME NELL'ESEMPIO.

A. **FREDDO** / CALDO   B. **PIENO** / **VUOTO**   C. **FELICI** / **TRISTI**

D. **VELOCE** / **LENTO**   E. **LUNGHI** / **CORTI**   F. **GIOVANE** / **ANZIANO**

4 ▸ GLI AGGETTIVI

4 SCRIVI TRE AGGETTIVI PER QUESTI OGGETTI E PERSONE, COME NELL'ESEMPIO. ATTENZIONE AL GENERE E AL NUMERO!

A. LE SCARPE
   NUOVE, PULITE, PICCOLE

B. LA MACCHINA
   _____

C. IL RAGAZZO
   _____

D. GLI STUDENTI
   _____

E. LE STRADE
   _____

F. LA SCUOLA
   _____

G. IL CAFFÈ
   _____

H. I CUSCINI
   _____

I. LA MAGLIETTA
   _____

5 SCRIVI LE FRASI AL PLURALE, COME NELL'ESEMPIO.

A. LA PORTA È CHIUSA.   LE PORTE SONO CHIUSE.
B. LA CASA È GRANDE.   _____
C. LA MAGLIETTA È STRETTA. _____
D. IL TAVOLO È SPORCO.   _____
E. IL FILM È DIVERTENTE. _____
F. L'INSEGNANTE È STANCO. _____
G. LA LUCE È ACCESA.   _____

4 ▸ GLI AGGETTIVI

6 LEGGI E <u>SOTTOLINEA</u> L'AGGETTIVO CHE NON FA PARTE DEL GRUPPO, COME NELL'ESEMPIO.

A. BUONO – DOLCE – AMARO – SALATO – <u>PICCOLO</u>

B. GENTILE – MALEDUCATO – VELOCE – SOCIEVOLE – ALLEGRO

C. ALTO – STRETTO – BASSO – MAGRO – ROBUSTO

D. EGIZIANO – ALBANESE – RUSSO – ANZIANO – ITALIANO

E. PREOCCUPATO – SPORCO - FELICE – ARRABBIATO – TRISTE

7 TROVA (IN ORIZZONTALE → E IN VERTICALE ↓) E SCRIVI I 9 AGGETTIVI DELLA PERSONALITÀ NASCOSTI, COME NELL'ESEMPIO.

B	A	F	T	F	S	P	T	S
S	T	A	I	E	I	A	F	I
O	T	S	M	G	N	N	E	M
C	I	T	I	O	C	R	L	P
I	V	A	D	I	E	E	I	A
E	O	G	O	S	R	A	C	T
V	N	G	T	T	O	M	E	I
O	F	O	P	A	R	F	O	C
L	T	A	L	L	E	G	R	O
E	A	D	E	M	A	R	E	L
S	G	E	N	E	R	O	S	O

SIMPATICO
_____
_____
_____
_____
_____
_____
_____
_____

4 ▸ GLI AGGETTIVI

8 SOTTOLINEA L'AGGETTIVO GIUSTO, COME NELL'ESEMPIO.

A. LUISA È UNA DONNA **DIVERTENTE** / <u>**SENSIBILE**</u> / **SOCIEVOLE**: È SEMPRE ATTENTA AI PROBLEMI DEGLI ALTRI.

B. I MIEI CAPELLI SONO TROPPO **GRANDI** / **LUNGHI** / **ALTI**: DOMANI VADO DAL PARRUCCHIERE.

C. CARLO È MOLTO **ARRABBIATO** / **MALEDUCATO** / **FELICE** PERCHÉ SUO FIGLIO VA MALE A SCUOLA.

D. SONO **VIVACE** / **PREOCCUPATA** / **PIGRA** PERCHÉ NON RIESCO A TROVARE UN LAVORO.

E. MIA SORELLA È MOLTO **SIMPATICA** / **SINCERA** / **INTELLIGENTE**: SCHERZA SEMPRE.

F. IO SONO PIÙ **ALTA** / **GIOVANE** / **GRANDE** DI MIO MARITO: LUI HA 42 ANNI E IO 39.

G. MARIO È UN RAGAZZO **FALSO** / **EGOISTA** / **MALEDUCATO**: QUANDO MI INCONTRA NON MI SALUTA MAI.

H. LUCA È UN UOMO **ROMANTICO** / **GENEROSO** / **FELICE**: AIUTA SEMPRE LE PERSONE IN DIFFICOLTÀ.

9 COMPLETA IL TESTO CON LA LETTERA FINALE DEGLI AGGETTIVI, COME NELL'ESEMPIO.

SIMONE È ALT**o** E ABBASTANZA ROBUST___. HA I CAPELLI NER___ E CORT___, GLI OCCHI VERD___ E GRAND___ E HA IL NASO PICCOL___ E UN PO' ALL'INSÙ.

È UN UOMO MOLTO SOCIEVOL___, CREATIV___ E EDUCAT___.

QUANDO ESCE LA SERA È SEMPRE ELEGANT___.

MARTA, LA SUA FIDANZATA, È MOLTO PIÙ BASS___ DI SIMONE, È BIOND___ E RICCI___. HA UN VISO ROTOND___ E GLI OCCHI PICCOL___ E AZZURR___.

È MAGR___ E ATLETIC___. È UNA RAGAZZA MOLTO SPORTIV___ E ATTIV___.

4 ▸ GLI AGGETTIVI

GLI AGGETTIVI POSSESSIVI

QUESTO È **IL MIO** AMICO ALBERTO.

I NOSTRI COMPAGNI DI CLASSE SONO SIMPATICI.

SUO FIGLIO HA 4 ANNI.

10 COMPLETA LA TABELLA CON I POSSESSIVI.

	MASCHILE SINGOLARE	FEMMINILE SINGOLARE	MASCHILE PLURALE	FEMMINILE PLURALE
IO	_____	MIA	MIEI	MIE
TU	TUO	TUA	TUOI	TUE
LUI / LEI	_____	SUO	SUOI	SUE
NOI	NOSTRO	NOSTRA	_____	NOSTRE
VOI	VOSTRO	VOSTRA	VOSTRI	VOSTRE
LORO	LORO	LORO	LORO	LORO

ATTENZIONE!

DAVANTI AI NOMI DELLE PERSONE DELLA FAMIGLIA, NON METTIAMO L'ARTICOLO NEL SINGOLARE, PER ESEMPIO **MIA SORELLA**, **MIO CUGINO**, **MIA ZIA**, **MIO PADRE**, **MIA MADRE**.

METTIAMO L'ARTICOLO SOLO NEL PLURALE, PER ESEMPIO **LE MIE SORELLE**, **I MIEI CUGINI**, **LE MIE ZIE**, **I MIEI GENITORI**.

INVECE CON IL POSSESSIVO **LORO** METTIAMO SEMPRE L'ARTICOLO, PER ESEMPIO **IL LORO CUGINO**, **I LORO CUGINI**, **LA LORO CASA**, **LE LORO CASE**.

4 ▸ GLI AGGETTIVI

11 IN QUESTO DISEGNO SI VEDE LA TUA CLASSE. SCRIVI IL POSSESSIVO RIFERITO AL PRONOME, COME NELL'ESEMPIO.

A. I BANCHI SONO VICINI.
   (NOI) I <u>NOSTRI</u> BANCHI SONO VICINI.

B. SUL BANCO C'È LA PENNA.
   (IO) SUL BANCO C'È LA_____ PENNA.

C. SULLA CATTEDRA C'È LA BORSA DELL'INSEGNANTE.
   (LEI) SULLA CATTEDRA C'È LA _____ BORSA.

D. LO ZAINETTO DI CARLO È VICINO ALLA PORTA.
   (LUI) IL _____ ZAINETTO È VICINO ALLA PORTA.

E. IL LETTORE CD DELL'INSEGNANTE È VECCHIO.
   (LEI) IL _____ LETTORE CD È VECCHIO.

F. I LIBRI DEGLI STUDENTI SONO NUOVI.
   (LORO) I _____ LIBRI SONO NUOVI.

G. IL CESTINO È VICINO ALLA LAVAGNA.
   (NOI) IL _____ CESTINO È VICINO ALLA LAVAGNA.

4 ▸ GLI AGGETTIVI

12 GIULIA STA SISTEMANDO L'ARMADIO E DIVIDE I VESTITI. QUALI SONO DI GIULIA? QUALI SONO DI LUIS? USA GLI AGGETTIVI **MIO** E **SUO**, COME NELL'ESEMPIO.

IL MIO CAPPELLO

LA SUA CRAVATTA

SE NON TI RICORDI COME SI CHIAMANO QUESTI VESTITI, LEGGI QUESTA LISTA.

> BORSA – CALZE – CALZINI – CAMICETTA – CAMICIA – CANOTTIERA
> CAPPELLO CAPPOTTO – CINTURA – CRAVATTA – GIACCA – GIUBBOTTO
> GONNA – MAGLIETTA – MAGLIONE – MUTANDE – PANTALONI – PIGIAMA
> REGGISENO – SCARPE – SCIARPA – STIVALI

13 ALESSANDRO PRESENTA LA SUA FAMIGLIA. COMPLETA IL TESTO CON QUESTI AGGETTIVI, COME NELL'ESEMPIO

✓ MIA | MIA | MIA | MIEI | MIO | MIA | MIO | MIA | MIO

> VI PRESENTO LA <u>MIA</u> FAMIGLIA: _____ PADRE, SI CHIAMA FRANCO, HA 75 ANNI. MIA MADRE, SI CHIAMA ANNA E HA 72 ANNI. I _____ FIGLI SI CHIAMANO LUCIA E LEONARDO. LUCIA HA 8 ANNI E LEONARDO HA 5 ANNI. _____ MOGLIE, SI CHIAMA MONICA.
> IO HO UNA SORELLA E UN FRATELLO. _____ SORELLA È IN GERMANIA E HA UN FIGLIO. _____ FRATELLO ABITA A ROMA E HA TRE FIGLI. ANCHE _____ MOGLIE HA UNA SORELLA. _____ COGNATA HA TRE FIGLI. IN TUTTO ABBIAMO 7 NIPOTI. IN AGOSTO CI INCONTRIAMO SEMPRE TUTTI A ROMA, A CASA DI _____ FRATELLO.

GRAMMATICA di BASE – con ESERCIZI

4 ▸ GLI AGGETTIVI

14 COMPLETA QUESTO TESTO SU UN SERVIZIO PER SALVARE I DOCUMENTI ONLINE. SCRIVI I POSSESSIVI, COME NELL'ESEMPIO.

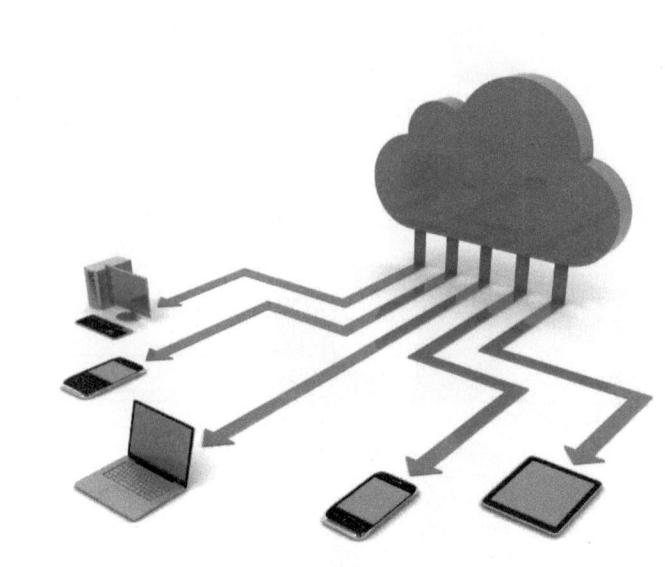

GRAZIE A QUESTO SERVIZIO PUOI SALVARE IN UN LUOGO SICURO I <u>TUOI</u> DOCUMENTI E LE _____ FOTO, E SONO SEMPRE DISPONIBILI PER TE IN TUTTO IL MONDO: PUOI VEDERLI CON IL _____ COMPUTER DI CASA, E NATURALMENTE CON IL _____ SMARTPHONE. IL SERVIZIO OFFRE GRATUITAMENTE 10 GB DI SPAZIO PER SALVARE TUTTI I _____ DOCUMENTI.

15 COMPLETA CON I POSSESSIVI, COME NELL'ESEMPIO.

CI PIACE LA <u>NOSTRA</u> CAMERETTA!
PER NOI È UN POSTO SPECIALE.
L'ARMADIO È AZZURRO PERCHÈ L'AZZURRO
È IL COLORE PREFERITO DI _____ SORELLA
MARTA, IL TAPPETO È GIALLO PERCHÉ QUESTO
È IL _____ COLORE PREFERITO.
NELLA _____ CAMERA CI SONO TANTE COSE: SUL
TAVOLO E PER TERRA CI SONO LE _____ PENNE,
I _____ COLORI, I _____ LIBRI DI SCUOLA,
I _____ GIORNALINI.
_____ SORELLA HA UN OGGETTO MOLTO
PREZIOSO: LA _____ SCATOLA DOVE TIENE TUTTI I _____ FILM PREFERITI
E ANCHE I _____ DISEGNI.
IO INVECE HO LE _____ COSE IMPORTANTI IN UNA PICCOLA CASSA: DENTRO
C'È LA _____ BAMBOLA, I _____ OCCHIALI DA SOLE E IL _____ DIARIO
SEGRETO.

4 ▶ GLI AGGETTIVI

GLI AGGETTIVI DIMOSTRATIVI

GLI AGGETTIVI DIMOSTRATIVI INDICANO SE UNA PERSONA O UN OGGETTO È **VICINO** O **LONTANO**.

QUESTO STUDENTE   **QUELLO** STUDENTE

16 GUARDA LE IMMAGINI SOPRA E <u>SOTTOLINEA</u> LE PAROLE GIUSTE.

> **QUESTO** INDICA LE PERSONE O GLI OGGETTI **VICINI / LONTANI**.
> **QUELLO** INDICA LE PERSONE O GLI OGGETTI **VICINI / LONTANI**.

QUESTO È UN AGGETTIVO REGOLARE, SEGUE LA REGOLA DEGLI ALTRI AGGETTIVI (VEDI PAGINA 18).

17 COMPLETA LA TABELLA CON **QUESTE, QUESTO, QUESTI, QUESTA**.

MASCHILE SINGOLARE	FEMMINILE SINGOLARE
_____ RAGAZZO	_____ RAGAZZA

MASCHILE PLURALE	FEMMINILE PLURALE
_____ RAGAZZI	_____ RAGAZZE

QUELLO È UN AGGETTIVO IRREGOLARE, CIOÈ NON SEGUE LA REGOLA DEGLI ALTRI AGGETTIVI.

MASCHILE SINGOLARE			FEMMINILE SINGOLARE	
QUEL RAGAZZO	**QUELL'** AMICO	**QUELLO** STUDENTE	**QUELLA** RAGAZZA	**QUELL'** AMICA

MASCHILE PLURALE			FEMMINILE PLURALE	
QUEI RAGAZZI	**QUEGLI** AMICI	**QUEGLI** STUDENTI	**QUELLE** RAGAZZE	**QUELLE** AMICHE

4 ▸ GLI AGGETTIVI

18 COMPLETA CON I NOMI E GLI AGGETTIVI DIMOSTRATIVI GIUSTI, COME NELL'ESEMPIO.

	VICINO	LONTANO		VICINO	LONTANO
(bambino)	QUESTO BAMBINO	QUEL BAMBINO	(arance)	_____	_____
(cani)	_____	_____	(mela)	_____	_____
(fabbrica)	_____	_____	(orologi)	_____	_____
(treno)	_____	_____	(zaino)	_____	_____
(gonne)	_____	_____	(uomo)	_____	_____

19 COMPLETA CON QUESTI NOMI, COME NELL'ESEMPIO.

CASA   COLORE   DOTTORI   OCCHIALI
OCCHIO   RAGAZZE   SPAZZOLINO   TORTA

A. QUELLA CASA
B. QUEL _____
C. QUELLA _____
D. QUELL' _____

E. QUELLO _____
F. QUEI _____
G. QUEGLI _____
H. QUELLE _____

PAGINA 28 GRAMMATICA di BASE – con ESERCIZI

4 ▸ GLI AGGETTIVI

I COMPARATIVI

I COMPARATIVI SERVONO A FARE PARAGONI, A CONFRONTARE DUE O PIÙ COSE O DUE O PIÙ PERSONE.

CI SONO TRE TIPI DI COMPARATIVI:

- IL COMPARATIVO **DI MAGGIORANZA**

IVAN È **PIÙ** ALTO **DI** ROSA.

CON IL COMPARATIVO DI MAGGIORANZA USIAMO **PIÙ**… **DI**…

- IL COMPARATIVO **DI MINORANZA**

MARZO È **MENO** FREDDO **DI** FEBBRAIO.

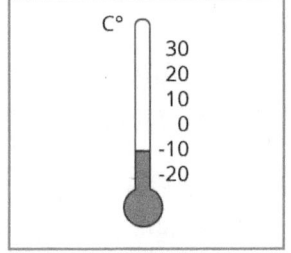

CON IL COMPARATIVO DI MINORANZA USIAMO **MENO**… **DI**…

ATTENZIONE!

CON I VERBI USIAMO **PIÙ**… **CHE**…, **MENO**… **CHE**…

LEGGERE È **PIÙ** FACILE **CHE** SCRIVERE.

SCRIVERE È **MENO** FACILE **CHE** LEGGERE.

- IL COMPARATIVO **DI UGUAGLIANZA**

LA MIA MAGLIETTA È GRANDE **COME** LA TUA.

CON IL COMPARATIVO DI UGUAGLIANZA USIAMO **COME**.

4 ▸ GLI AGGETTIVI

20 COMPLETA LE FRASI CON **COME**, **PIÙ... DI...** O **MENO... DI...**, COME NELL'ESEMPIO.

A. DAVIDE È ~~X~~ ALTO COME IVAN.

B. RAMON È _____ ANZIANO _____ NICOLA.

C. DAVIDE È _____ BASSO _____ NICOLA.

D. NICOLA È _____ ROBUSTO _____ RAMON.

E. DAVIDE È _____ GIOVANE _____ NICOLA.

F. RAMON È _____ SPORTIVO _____ IVAN.

NICOLA   **DAVIDE**   **RAMON**   **IVAN**

21 CONFRONTA LE DUE PAROLE E SCRIVI DELLE FRASI CON I COMPARATIVI E GLI AGGETTIVI TRA PARENTESI, COME NELL'ESEMPIO.

A. ELEFANTE / GIRAFFA (ALTO)
L'ELEFANTE È MENO ALTO DELLA GIRAFFA.

B. ESTATE / INVERNO (FREDDO)
_____

C. CAMICIA / MAGLIETTA (ELEGANTE)
_____

D. FRUTTA / GELATO (SANO)
_____

E. ORO / PLASTICA (COSTOSO)
_____

F. TRENO / AEREO (VELOCE)
_____

G. NERO / GRIGIO (SCURO)
_____

H. SUPERMERCATO / CENTRO COMMERCIALE (GRANDE)
_____

I. GIOCARE / LAVORARE (FATICOSO)
_____

5 ▸ I NUMERI

I NUMERI CARDINALI

1 COMPLETA LE TABELLE, CON QUESTI NUMERI, COME NELL'ESEMPIO.

✓ UNDICI • NOVANTA • CINQUE • VENTINOVE • QUINDICI • QUARANTA • MILLE • CENTOUNO • DICIOTTO • NOVE

1	UNO	11	UNDICI	21	VENTUNO	40	____
2	DUE	12	DODICI	22	VENTIDUE	50	CINQUANTA
3	TRE	13	TREDICI	23	VENTITRÈ	60	SESSANTA
4	QUATTRO	14	QUATTORDICI	24	VENTIQUATTRO	70	SETTANTA
5	____	15	____	25	VENTICINQUE	80	OTTANTA
6	SEI	16	SEDICI	26	VENTISEI	90	____
7	SETTE	17	DICIASSETTE	27	VENTISETTE	100	CENTO
8	OTTO	18	____	28	VENTOTTO	101	____
9	____	19	DICIANNOVE	29	____	200	DUECENTO
10	DIECI	20	VENTI	30	TRENTA	300	TRECENTO

1000	____	2000	DUEMILA	10.000	DIECIMILA
1001	MILLEUNO	2001	DUEMILAUNO	10.001	DIECIMILAUNO

NEI NUMERI CHE FINISCONO CON **-UNO** E **-OTTO**, VIENE ELIMINATA LA VOCALE FINALE DELLE DECINE (**VENTI, TRENTA, QUARANTA, CINQUANTA, SESSANTA, SETTANTA, OTTANTA, NOVANTA**).

PER ESEMPIO   21 VENTUNO   31 TRENTUNO   28 VENTOTTO   38 TRENTOTTO

2 LEGGI IL NUMERO E <u>SOTTOLINEA</u> LA PAROLA COME NELL'ESEMPIO.

A. **4**   SETTANTATRENOVE<u>QUATTRO</u>OTTANTAQUARANTA

B. **10**   DUESEITREDIECITREDICIQUATTRO

C. **47**   QUARANTASEIOTTANTADUEQUARANTASETTE

D. **9**   TRENTUNOQUINDICINOVANTAUNOTRENOVE

E. **29**   VENTINOVEDICIANNOVENOVANTATRESETTE

F. **6**   SESSANTACINQUANTUNONOVESEISETTEOTTANTADUE

G. **17**   DICIASSETTENOVECINQUANTATREDIECISETTE

GRAMMATICA di BASE – con ESERCIZI

5 ▸ I NUMERI

I NUMERI ORDINALI

1	PRIMO	11	UNDICESIMO	21	VENTUNESIMO
2	SECONDO	12	DODICESIMO	30	TRENTESIMO
3	TERZO	13	TREDICESIMO	40	QUARANTESIMO
4	QUARTO	14	QUATTORDICESIMO	50	CINQUANTESIMO
5	QUINTO	15	QUINDICESIMO	60	SESSANTESIMO
6	SESTO	16	SEDICESIMO	70	SETTANTESIMO
7	SETTIMO	17	DICIASSETTESIMO	80	OTTANTESIMO
8	OTTAVO	18	DICIOTTESIMO	90	NOVANTESIMO
9	NONO	19	DICIANNOVESIMO	100	CENTESIMO
10	DECIMO	20	VENTESIMO	1000	MILLESIMO

I **NUMERI ORDINALI** CAMBIANO IN BASE AL GENERE (MASCHILE E FEMMINILE) E AL NUMERO (SINGOLARE E PLURALE). PER ESEMPIO **LE PRIME GIORNATE DI CALDO, I SECONDI FIGLI, IL DODICESIMO PIANO, LA TREDICESIMA BUSTA PAGA.**

USIAMO I **NUMERI ORDINALI** SOPRATTUTTO PER INDICARE:
- IL PRIMO GIORNO DEL MESE, PER ESEMPIO **IL PRIMO MAGGIO, IL PRIMO SETTEMBRE**;
- LE FRAZIONI NUMERICHE, PER ESEMPIO **UN QUARTO D'ORA CORRISPONDE A QUINDICI MINUTI**;
- UNA POSIZIONE IN UN ELENCO, PER ESEMPIO **IO SONO ARRIVATO PRIMO NELLA CORSA, MIO FIGLIO È AL SECONDO ANNO DI SCUOLA.**

3 SOSTITUISCI IL NUMERO CARDINALE CON IL NUMERO ORDINALE, COME NELL'ESEMPIO.

A. QUESTO È IL (2) SECONDO CELLULARE CHE HO COMPRATO.
B. NOI ABITIAMO AL (3) _____ PIANO.
C. SERGIO È IL (1) _____ DELLA CLASSE.
D. OGGI È IL MIO (10) _____ GIORNO IN ITALIA.
E. LA PROFESSORESSA SOFIA È LA (1) _____ PERSONA ITALIANA CHE HO CONOSCIUTO.
F. IL MESE PROSSIMO È IL (15) _____ ANNIVERSARIO DEL MATRIMONIO DI AMINA E YUSSEF.
G. DOMENICA È IL (7) _____ GIORNO DELLA SETTIMANA.
H. IN ITALIA IL RISO È UN (1) _____ PIATTO.

6 ▸ GLI INTERROGATIVI

GLI INTERROGATIVI SERVONO PER FARE DOMANDE DIRETTE (PER ESEMPIO **CHI HA CHIUSO LA PORTA?**) O PER FARE DOMANDE INDIRETTE (PER ESEMPIO **NON SO CHI HA CHIUSO LA PORTA**).

CHE COSA	**CHE COSA** LEGGI? NON SO **CHE COSA** REGALARE A LUCA.
CHI	PRONTO, **CHI** PARLA? **CHI** CONOSCI A SCUOLA?
COME	**COME** STAI? NON SO **COME** TI CHIAMI.
DOVE	**DOVE** ABITI? DI **DOVE** SEI?
PERCHÈ	**PERCHÉ** STUDI ITALIANO?
QUANDO	**QUANDO** SEI NATO? NON SAPPIAMO **QUANDO** FINIAMO DI LAVORARE.
QUANTO **QUANTA** **QUANTI** **QUANTE**	**QUANTO** COSTA UN CHILO DI PANE? **QUANTI** FIGLI HA? **QUANTA** FRUTTA MANGI AL GIORNO? **QUANTE** LINGUE PARLI?
QUAL **QUALE** **QUALI**	**QUAL** È IL TUO INDIRIZZO? **QUALE** TRENO PRENDIAMO? **QUALI** DOCUMENTI SERVONO PER FARE IL PASSAPORTO?

1 COMPLETA IL DIALOGO CON LE RISPOSTE GIUSTE, COME NELL'ESEMPIO.

IN TRENO	IL 20 AGOSTO	✓ A MARSIGLIA, IN FRANCIA	PER VEDERE I NOSTRI ZII

MOLTE VALIGIE E BORSE E ANCHE UN REGALO PER GLI ZII	6 ORE, FORSE

- DOVE ANDATE IN AGOSTO?
- A MARSIGLIA, IN FRANCIA.
- PERCHÉ?
- _____
- COME VIAGGIATE?
- _____

- QUANTO TEMPO DURA IL VIAGGIO?
- _____
- CHE COSA PORTATE CON VOI?
- _____
- QUANDO TORNATE IN ITALIA?
- _____

6 ▸ GLI INTERROGATIVI

2 ADARA VA IN DUE NEGOZI. COMPLETA I DIALOGHI CON GLI INTERROGATIVI, COME NELL'ESEMPIO.

QUANTO   QUALE   QUANTI   QUANTA   ✓ COME

A.

ADARA	BUONGIORNO. VORREI DEI PANINI.
PANETTIERE	<u>COME</u> LI VUOLE? INTEGRALI, ALL'OLIO, AL LATTE…
ADARA	INTEGRALI, GRAZIE.
PANETTIERE	BENE. _____ PANINI VUOLE?
ADARA	OTTO, GRAZIE. E AVETE ANCHE LA FOCACCIA?
PANETTIERE	SÌ, _____ FOCACCIA VUOLE? CON LE OLIVE O SEMPLICE?
ADARA	SEMPLICE, GRAZIE.
PANETTIERE	_____ FOCACCIA VUOLE?
ADARA	3 PEZZI. GRAZIE. _____ DEVO PAGARE?
PANETTIERE	5 EURO E 60.

QUANTO   CHE COSA   QUANTE

B.

FRUTTIVENDOLO	BUONGIORNO SIGNORA. _____ DESIDERA?
ADARA	AVETE LE PATATE NOVELLE?
FRUTTIVENDOLO	CERTO, ECCOLE QUA.
ADARA	_____ COSTANO?
FRUTTIVENDOLO	COSTANO UN EURO E VENTI AL CHILO. _____ PATATE VUOLE?
ADARA	3 CHILI, PER FAVORE.

6 ▸ GLI INTERROGATIVI

3 LEGGI LA BIOGRAFIA DI LEONARDO DA VINCI. POI LEGGI LE RISPOSTE E SCRIVI LE DOMANDE GIUSTE, COME NELL'ESEMPIO.

| HOME | BIOGRAFIA | INVENZIONI | RICERCHE |

Leonardo Da Vinci

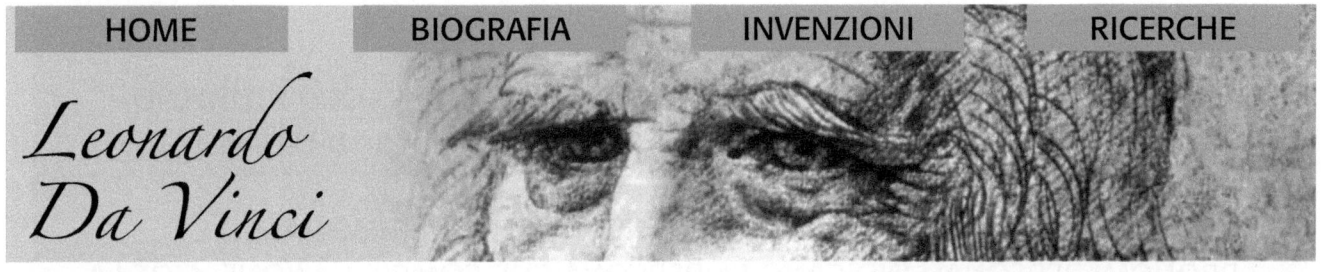

LEONARDO DA VINCI

IL DISEGNO SULLA MONETA DA UN EURO È DI LEONARDO DA VINCI, UN PITTORE FAMOSO IN TUTTO IL MONDO.

LEONARDO È NATO A VINCI, IN TOSCANA, NEL 1452.
LEONARDO È CHIAMATO "IL GENIO UNIVERSALE" PERCHÉ È PITTORE, INGEGNERE, SCIENZIATO, ARCHITETTO, SCULTORE, MUSICISTA.
HA LAVORATO IN MOLTE CITTÀ ITALIANE E IN FRANCIA.
È MORTO IN FRANCIA NEL 1519.
IL SUO QUADRO PIÙ FAMOSO È *LA GIOCONDA*.

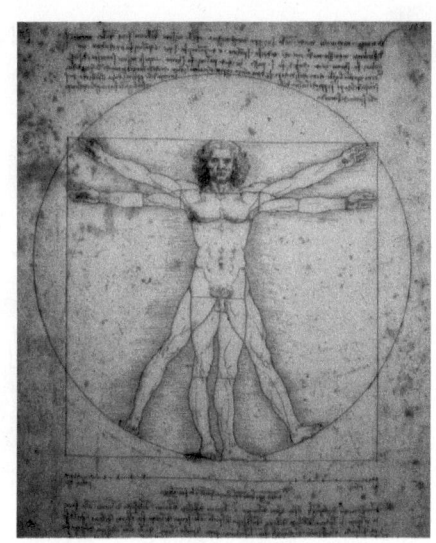

A. <u>CHE COSA C'È SULLA MONETA DA UN EURO?</u>
   UN DISEGNO DI LEONARDO DA VINCI.

B. _____
   È UN PITTORE, UN INGEGNERE, UNO SCULTORE.

C. _____
   A VINCI, IN TOSCANA.

D. _____
   IN MOLTE CITTÀ ITALIANE E IN FRANCIA.

E. _____
   LA GIOCONDA.

F. _____
   NEL 1519.

GRAMMATICA di BASE – con ESERCIZI

7 ▸ I PRONOMI PERSONALI

LEGGI QUESTE FRASI.

IO ASCOLTO LA MUSICA.

LEI È NATA IN SIRIA.

LORO STUDIANO L'ITALIANO.

IO, LEI, LORO IN GRAMMATICA SI CHIAMANO **PRONOMI PERSONALI**.
I PRONOMI PERSONALI INDICANO LA PERSONA CHE COMPIE L'AZIONE, CIOÈ LA PERSONA CHE FA QUALCOSA.

1 GUARDA LA TABELLA CON TUTTI I PRONOMI PERSONALI E RISPONDI ALLE DOMANDE.

SINGOLARE
- IO
- TU
- LUI LEI

PLURALE
- NOI
- VOI
- LORO

A. QUANTI SONO I PRONOMI NELLA LINGUA ITALIANA? _____

B. IN ITALIANO, ESISTE LA FORMA MASCHILE E FEMMINILE PER TUTTI I PRONOMI?
   ☐ SÌ   ☐ NO

C. IN ITALIANO QUANTI SONO I PRONOMI SINGOLARI? _____

D. IN ITALIANO QUANTI SONO I PRONOMI PLURALI? _____

E. NELLA TUA LINGUA ESISTONO I PRONOMI?
   ☐ SÌ   ☐ NO

F. QUANTI SONO I PRONOMI NELLA TUA LINGUA? _____

G. NELLA TUA LINGUA TUTTI I PRONOMI HANNO LA FORMA MASCHILE E FEMMINILE? _____

7 ▸ I PRONOMI PERSONALI

2 I PRONOMI PERSONALI POSSONO ANCHE SOSTITUIRE DEI NOMI. LEGGI QUESTO TESTO.

> **PAOLA** È UNA DONNA ITALIANA, **PAOLA** È SPOSATA, **PAOLA** HA DUE FIGLI.

PER NON RIPETERE **PAOLA**, PUOI USARE UN PRONOME: QUALE?

SOTTOLINEA IL PRONOME GIUSTO. | LUI / LORO / LEI |

ADESSO COMPLETA IL TESTO CON IL PRONOME.

> PAOLA È UNA DONNA ITALIANA, _____ È SPOSATA, _____ HA DUE FIGLI.

3 LEGGI QUESTO TESTO.

> **ANTONIA E MARIO** SONO RUMENI, **ANTONIA E MARIO** VIVONO IN ITALIA DA 5 ANNI, **ANTONIA E MARIO** ABITANO A MILANO.

PER NON RIPETERE **ANTONIA E MARIO**, PUOI USARE UN PRONOME: QUALE?

SOTTOLINEA IL PRONOME GIUSTO. | TU / LORO / LEI |

ADESSO SCRIVI IL TESTO CON I PRONOMI.

> _____
> _____

4 LEGGI QUESTO TESTO.

> **MIO PAPÀ** È IN PENSIONE, **MIO PAPÀ** HA 78 ANNI, **MIO PAPÀ** AMA LEGGERE.

PER NON RIPETERE **MIO PAPÀ** PUOI USARE UN PRONOME: QUALE?

SOTTOLINEA IL PRONOME GIUSTO. | IO / VOI / LUI |

ADESSO SCRIVI IL TESTO CON I PRONOMI.

> _____
> _____

GRAMMATICA di BASE – con ESERCIZI

8 ▸ IL VERBO ESSERE

LEGGI QUESTE FRASI.

TU **SEI** UN MEDICO.   MARIA **È** ITALIANA.   NOI **SIAMO** ALTI.   VOI **SIETE** TRISTI.

SEI, È, SIAMO, SIETE È IL VERBO **ESSERE**.

IL VERBO **ESSERE** È UNA PARTE IMPORTANTE DELLA FRASE. USIAMO IL VERBO **ESSERE** PER ESPRIMERE MOLTI SIGNIFICATI DIVERSI.

1 LEGGI LE FRASI. IN OGNI FRASE IL VERBO **ESSERE** HA UN SIGNIFICATO DIVERSO. SCRIVI LE FRASI NELL'INSIEME GIUSTO, COME NELL'ESEMPIO.

✓ A. LEO È MURATORE.
B. LA MATITA È SUL TAVOLO.
C. IO SONO GAMBIANO.
D. LE BICICLETTE SONO ROSSE.
E. TU SEI MAGRO.
F. OGGI VOI SIETE FELICI.
G. QUESTA PENNA È MIA.
H. LORO SONO IN RITARDO.

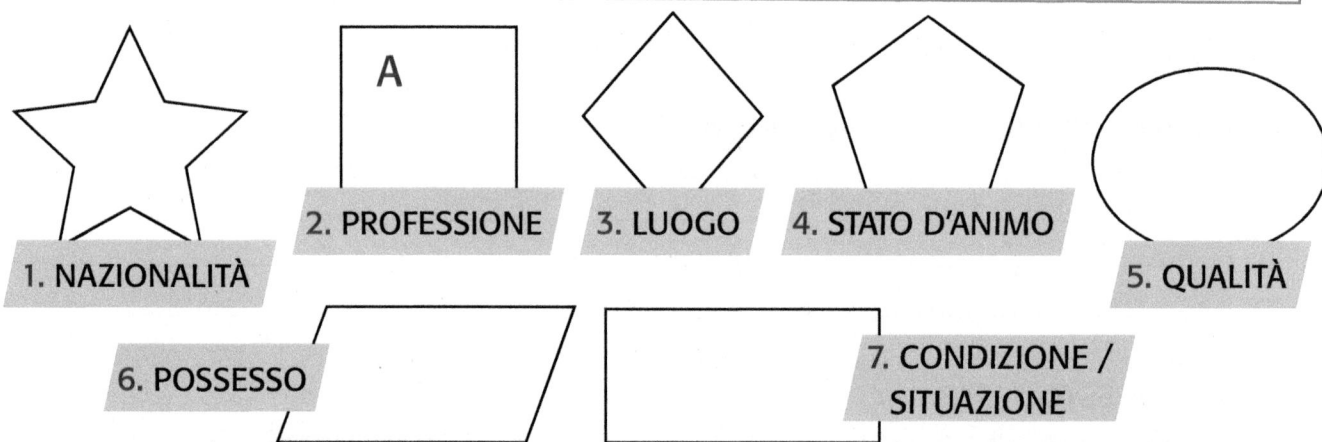

1. NAZIONALITÀ
2. PROFESSIONE
3. LUOGO
4. STATO D'ANIMO
5. QUALITÀ
6. POSSESSO
7. CONDIZIONE / SITUAZIONE

2 LEGGI LE FRASI DELL'ATTIVITÀ 1 E COMPLETA LA TABELLA DEL VERBO **ESSERE**.

VERBO ESSERE	
IO	SONO
TU	
LUI / LEI	
NOI	
VOI	
LORO	SONO

NELLA TUA LINGUA C'È IL VERBO **ESSERE**?   SÌ   NO

SCRIVI IL VERBO **ESSERE** NELLA TUA LINGUA.

8 ▸ IL VERBO ESSERE

3 COMPLETA LE FRASI CON IL PRONOME GIUSTO, COME NELL'ESEMPIO.

A. <u>NOI</u> SIAMO ITALIANI.
B. _____ SONO I MIEI AMICI LAMIN, KARIM E OMAR.
C. _____ È STANCA DI STUDIARE.
D. _____ SIETE GENTILI.
E. _____ SEI SEMPRE PUNTUALE.
F. _____ SONO CARLA, PIACERE.

4 COMPLETA LE FRASI CON IL VERBO **ESSERE**, COME NELL'ESEMPIO.

A. CARLO E PAOLO <u>SONO</u> DI NAPOLI.
B. ▪ CIAO MARCO, DOVE _____?
   • CIAO, (IO) _____ AL SUPERMERCATO.
C. DA QUANTO TEMPO VOI _____ IN ITALIA?
D. GLI STUDENTI _____ IN CLASSE.
E. GEORGE _____ EGIZIANO.
F. TU E AZIZ _____ IN ITALIA DA TANTO TEMPO?
G. IO E MIA MAMMA _____ INSEGNANTI.
H. ▪ TU _____ INDIANO?
   • NO, _____ PACHISTANO.

5 COLLEGA LE FRASI, COME NELL'ESEMPIO.

A. KARIM STUDIA L'ITALIANO.	1. SONO AMERICANI.
B. DA QUANTO TEMPO SIETE IN ITALIA?	2. SONO VECCHIE.
C. IO E OMAR STUDIAMO L'INGLESE.	3. SONO IN ITALIA DA 6 MESI.
D. IO MI CHIAMO ABDU E TU?	4. È NUOVA.
E. DA QUANTO TEMPO SEI IN ITALIA?	5. È UNO STUDENTE.
F. LA MIA BORSA	6. SIAMO IN ITALIA DA 2 ANNI.
G. LE MIE SCARPE	7. IO SONO YONAS, PIACERE.
H. MARK E PETER	8. SIAMO STUDENTI.

GRAMMATICA di BASE – con ESERCIZI

8 ▸ IL VERBO ESSERE

C'È / CI SONO

LEGGI QUESTE FRASI.

> OGGI **C'È** IL SOLE.   **CI SONO** TANTI BAMBINI AL PARCO.

QUANDO VOGLIAMO INDICARE LA PRESENZA DI COSE O PERSONE USIAMO **C'È** E **CI SONO**.

6 SINGOLARE O PLURALE? SOTTOLINEA LA PAROLA GIUSTA.

> USIAMO **C'È** CON PAROLE AL **SINGOLARE** / **PLURALE**.

> USIAMO **CI SONO** CON PAROLE AL **SINGOLARE** / **PLURALE**.

7 COMPLETA CON **C'È** O **CI SONO**, COME NELL'ESEMPIO.

A. NELLA FAMIGLIA DI JAKU <u>CI SONO</u> 25 CUGINI.

B. A SCUOLA _____ UN INSEGNANTE ITALIANO.

C. IN CLASSE _____ TANTI STUDENTI.

D. SUL MIO BANCO _____ DUE PENNE E UNA MATITA.

E. NELLO ZAINO DELL'INSEGNANTE _____ UN DIZIONARIO.

F. A CASA TUA _____ IL FORNO A MICROONDE?

8 GUARDA LE IMMAGINI E COMPLETA LE FRASI DELLA TABELLA, COME NELL'ESEMPIO.

AL PARCO	AL BAR	A SCUOLA
C'È / NON C'È NON C'È IL TRAFFICO.	**C'È / NON C'È**	**C'È / NON C'È**
CI SONO / NON CI SONO CI SONO GLI ALBERI.	**CI SONO / NON CI SONO**	**CI SONO / NON CI SONO**

8 ▸ IL VERBO ESSERE

9 GUARDA LA CARTINA E RISPONDI ALLE DOMANDE, COME NELL'ESEMPIO.

A. C'È UNA BANCA? <u>SÌ, C'È UNA BANCA.</u>
B. CI SONO DUE BAR? _____
C. CI SONO DUE CINEMA? _____
D. C'È UNA FARMACIA? _____
E. CI SONO DUE BIBLIOTECHE? _____
F. C'È UN FIORAIO? _____
G. C'È UNA STAZIONE DEI TRENI? _____

10 SOTTOLINEA IL VERBO GIUSTO E SCRIVI LA LETTERA CORRISPONDENTE, COME NELL'ESEMPIO. TUTTE LE LETTERE FORMANO IL NOME DELLA CITTÀ DEL TESTO.

> IN ITALIA **C'È** (V) / **CI SONO** (F) UNA CITTÀ MOLTO PARTICOLARE.
> IN QUESTA CITTÀ NON **CI SONO** (E) / **C'È** (I) STRADE, MA TANTI CANALI;
> PER QUESTO **C'È** (N) / **CI SONO** (R) UN GRAN NUMERO DI BARCHE IN GIRO IN QUESTA CITTÀ.
> AL CENTRO DELLA CITTÀ **C'È** (E) / **CI SONO** (A) UNA CHIESA IMPORTANTE, LA BASILICA DI SAN MARCO.
> IN QUESTA CITTÀ **C'È** (T) / **CI SONO** (Z) TANTI TURISTI, SOPRATTUTTO A CARNEVALE:
> IN QUESTO PERIODO **C'È** (E) / **CI SONO** (I) TANTE FESTE IN MASCHERA.
> PURTROPPO QUI **C'È** (A) / **CI SONO** (O) UN PROBLEMA: LA CITTÀ SI ALLAGA QUANDO PIOVE TANTO.
>
> IL NOME DI QUESTA CITTÀ È <u>V</u> _ _ _ _ _ _

GRAMMATICA di BASE – con ESERCIZI

9 ▸ IL VERBO AVERE

LEGGI QUESTE FRASI.

IO **HO** 22 ANNI.   LUI **HA** TRE FIGLI.   VOI **AVETE** I CAPELLI NERI.

HO, **HA**, **AVETE** È IL VERBO **AVERE**.
USIAMO IL VERBO **AVERE** PER ESPRIMERE MOLTI SIGNIFICATI DIVERSI.

1 LEGGI LE FRASI, OGNI FRASE ESPRIME CON IL VERBO **AVERE** UN SIGNIFICATO DIVERSO. SCRIVI OGNI FRASE NELL'INSIEME GIUSTO, COME NELL'ESEMPIO.

✓ A. IO HO FREDDO.
B. NOI ABBIAMO TRE LIBRI.
C. MIO PAPÀ HA 75 ANNI.
D. VOI AVETE FAME.
E. MIA SORELLA HA I CAPELLI LUNGHI.
F. NOI ABBIAMO FREDDO.
G. IL TUO TELEFONO HA LO SCHERMO GRANDE.

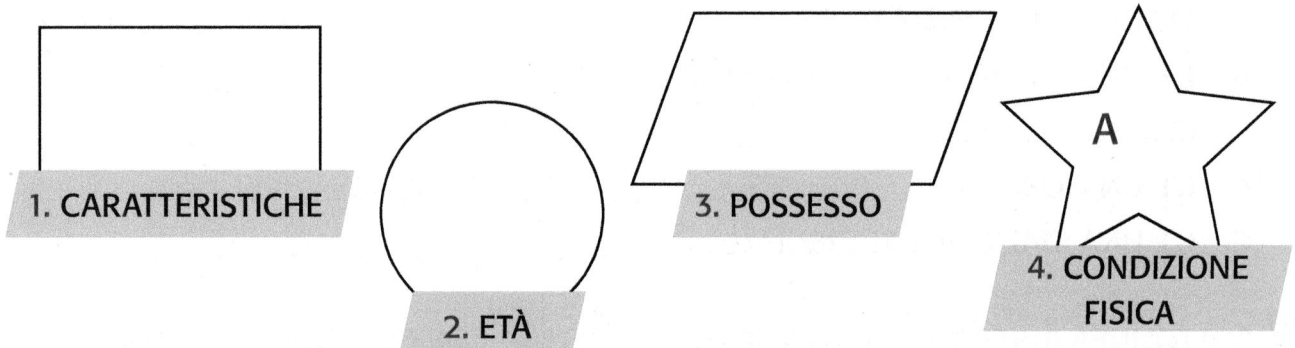

1. CARATTERISTICHE
2. ETÀ
3. POSSESSO
4. CONDIZIONE FISICA (A)

2 LEGGI LE FRASI DELL'ATTIVITÀ **1** E COMPLETA LA TABELLA DEL VERBO **AVERE**.

VERBO AVERE	
IO	
TU	
LUI / LEI	
NOI	
VOI	
LORO	HANNO

ATTENZIONE! IN ITALIANO LA LETTERA **H** NON SI PRONUNCIA.

NELLA TUA LINGUA C'È IL VERBO **AVERE**? ☐ SÌ ☐ NO

SCRIVI IL VERBO **AVERE** NELLA TUA LINGUA.

_____
_____
_____

9 ▸ IL VERBO AVERE

3 COMPLETA LE FRASI CON IL PRONOME GIUSTO, COME NELL'ESEMPIO.

A. <u>VOI</u> AVETE CALDO.
B. _____ HA 5 CUGINI.
C. _____ ABBIAMO FREDDO.
D. _____ HANNO 32 ANNI.
E. _____ HAI GLI OCCHI VERDI.
F. _____ HO I CAPELLI LUNGHI.
G. _____ AVETE UN BUON LAVORO.
H. _____ HAI TANTI AMICI IN ITALIA?

4 COMPLETA LE FRASI CON IL VERBO **AVERE**, COME NELL'ESEMPIO.

A. TU E LEONARDO <u>AVETE</u> GLI OCCHI CHIARI.
B. STANLEY _____ DUE FIGLIE FEMMINE: NANCY E JANET.
C. PIOVE, MA NOI NON _____ L'OMBRELLO!
D. VOI _____ UNA BICICLETTA?
E. IO _____ UNA MACCHINA NERA.
F. TERESA E GABRIELLA _____ UN GATTO BIANCO.
G. IO NON POSSO VIAGGIARE, NON _____ IL BIGLIETTO DEL TRENO.
H. LORO _____ TANTI AMICI MOLTO SIMPATICI.
I. CARLO, TU _____ SETE?
L. SONIA _____ I CAPELLI CORTI E RICCI.

5 COMPLETA IL TESTO CON IL VERBO **AVERE**, COME NELL'ESEMPIO.

MI CHIAMO OMAR, SONO GAMBIANO, <u>HO</u> 28 ANNI.
IN GAMBIA _____ UNA GRANDE FAMIGLIA: I MIEI
GENITORI _____ 7 FIGLI. IO _____ TANTI NIPOTI
PERCHÉ MIA SORELLA _____ 3 FIGLI E I MIEI FRATELLI
_____ 4 FIGLI.
IO SONO IN ITALIA CON MIA MOGLIE, NOI NON _____
ANCORA FIGLI. _____ TANTI AMICI ITALIANI E STRANIERI,
NON SIAMO MAI SOLI.

GRAMMATICA di BASE – con ESERCIZI

9 ▶ IL VERBO AVERE

6 LEGGI LE FRASI E <u>SOTTOLINEA</u> IL VERBO GIUSTO, COME NELL'ESEMPIO.

A. OGGI NON STO BENE: **<u>HO</u> / SONO** TANTO FREDDO!
B. IL MIO OMBRELLO **È / HA** GRANDE E ROSSO.
C. MI CHIAMO TAMARA, **SONO / HO** UCRAINA.
D. IO **SONO / HO** SPOSATO, MA NON **HO / SONO** FIGLI.
E. **SONO / HO** STANCA, LAVORO TROPPO!
F. CHE FREDDO! NON **SEI / HAI** UNA SCIARPA?
G. CIAO, IO ABITO A COMO: **È / HA** UNA CITTÀ MOLTO BELLA.
H. LA SCUOLA **È / HA** MOLTO GRANDE E IO **SONO / HO** MOLTI COMPAGNI DI CLASSE.

7 COMPLETA CON IL VERBO **ESSERE** O **AVERE**, COME NELL'ESEMPIO.

A. MIKE <u>È</u> AMERICANO.
   _____ 60 ANNI, _____ CELIBE.
   _____ LA BARBA E I BAFFI.
   _____ ALTO E ROBUSTO.

B. DONG _____ CINESE. _____ ANZIANO.
   _____ 67 ANNI.
   LUI _____ BASSO E MAGRO.
   _____ SPOSATO E _____ DUE FIGLI.

C. TILA _____ UNA BAMBINA ALBANESE.
   _____ 4 ANNI.
   _____ I CAPELLI BIONDI E GLI OCCHI VERDI.
   LEI _____ DUE FRATELLI.

10 ▶ LA NEGAZIONE

LEGGI QUESTE FRASI.

> IL LIBRO **NON** È NUOVO.

> **NON** SEI ANDATO A LAVORARE IERI?

> PARLO IL FRANCESE, **NON** L'INGLESE.

> ROMA È UNA CITTÀ FRANCESE? NO, **NON** È FRANCESE.

PER FARE LA NEGAZIONE, METTIAMO **NON** PRIMA DEL VERBO O DELL'ELEMENTO CHE VOGLIAMO NEGARE.

1 RISPONDI ALLE DOMANDE, COME NELL'ESEMPIO. USA **NON** QUANDO È NECESSARIO.

ELISA

OMAR

A. ELISA È UN UOMO?
   NO, ELISA NON È UN UOMO.

B. ELISA È ADULTA?
   _____

C. ELISA HA GLI OCCHIALI?
   _____

D. ELISA HA I CAPELLI LUNGHI?
   _____

E. OMAR È UNA DONNA?
   _____

F. OMAR È UN BAMBINO?
   _____

G. OMAR HA LA BARBA?
   _____

H. OMAR HA I CAPELLI CORTI?
   _____

2 SCRIVI QUESTE PAROLE NELL'ORDINE GIUSTO, COME NELL'ESEMPIO.

A. PAUL / SONO / IO / NON
   IO NON SONO PAUL.

B. 63 / NON / ANNI / NOI / ABBIAMO
   _____

C. LEI / È / NON / EGIZIANA
   _____

D. HAI / NON / GRANDE / TU / UNA CASA
   _____

E. SIETE / NON / FILIPPINI / VOI
   _____

F. FIGLI / E / NON / INES / HANNO / ALBERTO
   _____

GRAMMATICA di BASE – con ESERCIZI

11 ▸ I VERBI: IL PRESENTE

LEGGI QUESTE FRASI.

LEI **MANGIA** UN GELATO.   NOI **LEGGIAMO** UN LIBRO.   IO **PARTO** PER PARIGI.

MANGIA, LEGGIAMO, PARTO, SONO VERBI.
I VERBI SONO LA PARTE DELLA FRASE CHE SPIEGA COSA FA UNA PERSONA.

LEGGI ANCORA.

IO **ASCOLTO** LA RADIO.   LEI **ASCOLTA** LA RADIO.   NOI **ASCOLTIAMO** LA RADIO.

ASCOLTO, ASCOLTA, ASCOLTIAMO SONO VERBI. IL NOME DI QUESTI VERBI È **ASCOLTARE**.

1 ADESSO COMPLETA TU LA SPIEGAZIONE.

- IO **ASPETTO** L'AUTOBUS, LUI **ASPETTA** L'AUTOBUS, NOI **ASPETTIAMO** L'AUTOBUS.
  IL NOME DI QUESTI VERBI È _____
- TU **PRENDI** LA BORSA, LUI **PRENDE** LA BORSA, VOI **PRENDETE** LA BORSA.
  IL NOME DI QUESTI VERBI È _____
- IO **APRO** IL LIBRO, TU **APRI** IL LIBRO, LORO **APRONO** IL LIBRO.
  IL NOME DI QUESTI VERBI È _____

IN GRAMMATICA, IL NOME DEL VERBO SI CHIAMA **INFINITO**.

IN ITALIANO, POSSIAMO DIVIDERE I VERBI IN TRE GRUPPI.
QUESTI GRUPPI IN GRAMMATICA SI CHIAMANO **CONIUGAZIONI**.

COME PUOI RICONOSCERE LA CONIUGAZIONE?

- I VERBI CHE ALL'INFINITO TERMINANO CON **-ARE** (COME **LAVORARE, MANGIARE, STUDIARE**) SONO I VERBI DELLA **PRIMA CONIUGAZIONE**.
- I VERBI CHE ALL'INFINITO TERMINANO CON **-ERE** (COME **SCRIVERE, LEGGERE, PRENDERE**) SI CHIAMANO VERBI DELLA **SECONDA CONIUGAZIONE**.
- I VERBI CHE ALL'INFINITO TERMINANO CON **-IRE** (COME **DORMIRE, SENTIRE, PARTIRE**) SI CHIAMANO VERBI DELLA **TERZA CONIUGAZIONE**.

2 CONOSCI ALTRI VERBI? SCRIVI I VERBI CHE CONOSCI.

_____

_____

11 ▸ I VERBI: IL PRESENTE

COME FUNZIONANO I VERBI?

QUANDO PARLI O SCRIVI, NON PUOI USARE IL VERBO ALL'INFINITO, MA DEVI USARE UNA FORMA DIVERSA PER OGNI PRONOME, PER ESEMPIO,

| IO PARLARE **PARLO** | NOI PARLARE **PARLIAMO** | VOI PARLARE **PARLATE** |

COME COSTRUIAMO LA CONIUGAZIONE?

- PRIMA PRENDIAMO IL VERBO ALL'INFINITO E TOGLIAMO LE TRE LETTERE FINALI: **ARE**, **ERE**, **IRE**. PER ESEMPIO,

    LAVOR~~ARE~~ → **LAVOR-** È LA **RADICE** DEL VERBO.

- POI AGGIUNGIAMO ALLA RADICE DEL VERBO DELLE LETTERE DIVERSE PER OGNI PRONOME. PER ESEMPIO,

    IO LAVOR**O**, TU LAVOR**I**, LUI LAVOR**A**

QUESTE LETTERE (**O, I, A**) IN GRAMMATICA SI CHIAMANO **DESINENZA**.

LAVORIAMO

LAVOR- RADICE   **-IAMO** DESINENZA

3

OGNI CONIUGAZIONE HA UNA FORMA DIVERSA. IN QUESTA TABELLA PUOI VEDERE LE TRE CONIUGAZIONI DEI VERBI AL TEMPO PRESENTE. LEGGI I VERBI DELL'ATTIVITÀ 1 A PAGINA 46 E COMPLETA LA TABELLA.

	PRIMA CONIUGAZIONE	SECONDA CONIUGAZIONE	TERZA CONIUGAZIONE
	ASPETT**ARE**	PREND**ERE**	APR**IRE**
IO	ASPETT___	PREND**O**	APR___
TU	ASPETT___	PREND___	APR___
LUI / LEI	ASPETT**A**	PREND___	APR**E**
NOI	ASPETT___	PREND**IAMO**	APR**IAMO**
VOI	ASPETT**ATE**	PREND___	APR**ITE**
LORO	ASPETT**ANO**	PREND**ONO**	APR___

11 ▸ I VERBI: IL PRESENTE

PRIMA CONIUGAZIONE

4 COMPLETA LE FRASI CON IL PRESENTE DEI VERBI, COME NELL'ESEMPIO.

MANGIARE	A. IO <u>MANGIO</u> UNA MELA TUTTI I GIORNI.
LAVORARE	B. VOI DOVE _____?
AMARE	C. NOI _____ LA MUSICA ITALIANA.
ABITARE	D. MARCO _____ A BOLOGNA.
PARLARE	E. LORO _____ BENE L'ITALIANO.
STUDIARE	F. GLI STUDENTI _____ IN BIBLIOTECA.
CUCINARE	G. IL CUOCO _____ AL RISTORANTE.
TORNARE	H. GIACOMO _____ DAL LAVORO ALLE 7.

SECONDA CONIUGAZIONE

5 COMPLETA LE FRASI CON QUESTI VERBI, COME NELL'ESEMPIO. ATTENZIONE CI SONO VERBI CHE NON DEVI USARE!

STENDE — VENDETE — VIVIAMO — CHIEDO
PRENDETE — ✓METTI — PRENDONO — METTE
VENDONO — SPENDE — STENDI — CORRI
CHIEDIAMO — CORRO — VIVETE — SPENDI

A. TU <u>METTI</u> I LIBRI NELLO ZAINO.
B. CARLA E FRANCO _____ L'AUTOBUS PER ANDARE AL LAVORO.
C. LORO HANNO UN NEGOZIO DI ABBIGLIAMENTO, _____ VESTITI DA DONNA.
D. TU _____ TANTI SOLDI PER LE MEDICINE.
E. MARIO _____ I VESTITI BAGNATI SUL BALCONE.
F. QUANDO NON CAPISCO, IO _____ DI RIPETERE.
G. IO _____ PER PRENDERE IL TRENO PERCHÉ SONO SEMPRE IN RITARDO.
H. NOI _____ IN ITALIA DA 3 ANNI.

11 ▸ I VERBI: IL PRESENTE

TERZA CONIUGAZIONE

6 METTI LE PAROLE NELL'ORDINE GIUSTO, CONIUGA I VERBI E SCRIVI LE FRASI, COME NELL'ESEMPIO.

A. DORMIRE / I FIGLI / DI ZAHRA / IN SOGGIORNO
   <u>I FIGLI DI ZAHRA DORMONO IN SOGGIORNO.</u>

B. DELLE CAMERE DA LETTO / LE FINESTRE / APRIRE / IO E JEWEL
   _____

C. TU PARTIRE / QUANDO / PER / ROMA?
   _____

D. DEL RISTORANTE / LUCA / SERVIRE / AI TAVOLI
   _____

E. LA RADIO / IN CUCINA / IO SENTIRE
   _____

F. ALL'INSEGNANTE / GLI STUDENTI / IL CAFFÈ / OFFRIRE
   _____

7 GUARDA LE IMMAGINI: COSA PUOI FARE CON QUESTI OGGETTI? SCRIVI L'INFINITO SOTTO ALL'IMMAGINE GIUSTA POI CONIUGA IL VERBO, COME NELL'ESEMPIO. ATTENZIONE PER ALCUNI OGGETTI, PUOI SCRIVERE PIÙ VERBI.

| LAVARE | SCRIVERE | APRIRE | SENTIRE | TAGLIARE |
| ✓TELEFONARE | STUDIARE | CHIUDERE | ASCOLTARE | LEGGERE |

A. <u>TELEFONARE</u>
   LUI <u>TELEFONA</u> A SUA SORELLA.

B. _____
   VOI _____ IL GIORNALE.

C. _____
   TU _____ UNA LETTERA.

D. _____
   IO _____ LA PORTA.

E. _____
   IO E MONICA _____ LA MUSICA.

F. _____
   LORO _____ I VESTITI.

GRAMMATICA di BASE – con ESERCIZI

11 ▸ I VERBI: IL PRESENTE

I VERBI DELLA TERZA CONIUGAZIONE CON -ISC-

ALCUNI VERBI DELLA TERZA CONIUGAZIONE, COME **FINIRE,** HANNO UNA FORMA DIVERSA DA QUELLA CHE HAI VISTO A PAGINA 47. CON QUESTI VERBI, DEVI AGGIUNGERE -ISC- ALLA RADICE DEL VERBO DI TUTTE LE PERSONE, TRANNE CHE A **NOI** E **VOI**.

FINIRE
IO FIN**ISCO**
TU FIN**ISCI**
LUI / LEI FIN**ISCE**
NOI FIN**IAMO**
VOI FIN**ITE**
LORO FIN**ISCONO**

ALTRI I VERBI CHE HANNO QUESTA FORMA SONO: **CAPIRE, SPEDIRE, PULIRE, COSTRUIRE, PREFERIRE, RESTITUIRE, DIMAGRIRE**.

8 LEGGI LA CONIUGAZIONE DEL VERBO **FINIRE** (SOPRA) E COMPLETA LA TABELLA CON I VERBI CON **-ISC-**.

PULIRE	CAPIRE	SPEDIRE
IO	IO	IO
TU	TU	TU
LUI / LEI	LUI / LEI	LUI / LEI
NOI	NOI	NOI
VOI	VOI	VOI
LORO	LORO	LORO

9 LEGGI LE FRASI E <u>SOTTOLINEA</u> IL VERBO GIUSTO, COME NELL'ESEMPIO.

A. ABDOU E DALO <u>**SPEDISCONO**</u>/ **SPENDONO** / **SPEDIAMO** I SOLDI ALLE LORO FAMIGLIE TUTTI I MESI.

B. SCUSI, IO NON **CAPIRE** / **CAPISCO** / **CAPIAMO** BENE, PUOI RIPETERE, PER FAVORE?

C. TU **PREFERITE** / **PREFERISCONO** / **PREFERISCI** IL CAFFÈ O IL TÈ?

D. AMINA **PULISCE** / **PULITE** / **PULISCO** LA CASA TUTTI I GIORNI.

E. A CHE ORA **FINISCO** / **FINISCONO** / **FINISCE** LA LEZIONE DI ITALIANO?

F. NOI **RESTITUISCONO** / **RESTITUIAMO** / **RESTITUITE** SEMPRE IN TEMPO I LIBRI IN BIBLIOTECA.

G. I MURATORI **COSTRUIRE** / **COSTRUISCE** / **COSTRUISCONO** UN OSPEDALE NUOVO.

11 ▸ I VERBI: IL PRESENTE

I VERBI IRREGOLARI

NELLA TABELLA DEI VERBI A PAGINA 47, HAI VISTO LE CONIUGAZIONI DEI VERBI REGOLARI. MOLTI VERBI ITALIANI SONO **IRREGOLARI**, CIOÈ NON SEGUONO LO SCHEMA DEI VERBI REGOLARI. NELLE TABELLE, TROVI ALCUNI VERBI IRREGOLARI MOLTO USATI.

VERBI IRREGOLARI DELLA PRIMA CONIUGAZIONE

	FARE	ANDARE	STARE	DARE
IO	FACCIO	VADO	STO	DO
TU	FAI	VAI	STAI	DAI
LUI / LEI	FA	VA	STA	DÀ
NOI	FACCIAMO	ANDIAMO	STIAMO	DIAMO
VOI	FATE	ANDATE	STATE	DATE
LORO	FANNO	VANNO	STANNO	DANNO

10 COMPLETA LE FRASI CON LA FORMA GIUSTA DEI VERBI, COME NELL'ESEMPIO. ATTENZIONE PUOI USARE I VERBI IN PIÙ FRASI.

A. NOI <u>ANDIAMO</u> A LAVORARE TUTTI I GIORNI.
B. MI _____ LA TUA GOMMA, PER FAVORE?
C. VOI COSA _____ STASERA?
D. NOI _____ LA DOCCIA TUTTE LE MATTINE.
E. OGGI IO NON _____ A SCUOLA PERCHÉ NON _____ BENE.
F. OGGI GLI STUDENTI NON ESCONO, _____ A CASA A STUDIARE.
G. L'INSEGNANTE CI _____ SEMPRE TANTI COMPITI A CASA.

DARE
STARE
FARE
✓ ANDARE

11 GUARDA LE IMMAGINI E COMPLETA LE FRASI, COME NELL'ESEMPIO.

A. LUI <u>FA</u> IL CAMERIERE.
B. LORO _____ A SCUOLA.
C. LEO _____ MALE.
D. TU _____ UN BACIO A LIA.

11 ▸ I VERBI: IL PRESENTE

VERBI IRREGOLARI DELLA SECONDA CONIUGAZIONE

	BERE	SAPERE	SCEGLIERE	TENERE
IO	BEVO	SO	SCELGO	TENGO
TU	BEVI	SAI	SCEGLI	TIENI
LUI / LEI	BEVE	SA	SCEGLIE	TIENE
NOI	BEVIAMO	SAPPIAMO	SCEGLIAMO	TENIAMO
VOI	BEVETE	SAPETE	SCEGLIETE	TENETE
LORO	BEVONO	SANNO	SCELGONO	TENGONO

12 SOTTOLINEA LE PAROLE GIUSTE, COME NELL'ESEMPIO.

A. **MARIO / IO** BEVO IL CAFFÈ TUTTI I GIORNI.

B. **IO E GIOVANNA / TU E CARLO** SAPETE CUCINARE MOLTO BENE.

C. **LAMIN / TU** NON BEVI L'ALCOOL.

D. **IO / NOI** TENGO SEMPRE LA BICICLETTA IN CANTINA.

E. **GLI STUDENTI / LO STUDENTE** SANNO PARLARE BENE ADESSO.

F. PER ANDARE AL LAVORO **VOI / TU** SCEGLIETE LA BICICLETTA O L'AUTOBUS?

G. **TU / PAOLA** SCEGLIE SEMPRE LA MUSICA ARABA.

H. **NOI / LA MAESTRA** TIENE SOTTO CONTROLLO I BAMBINI.

13 LEGGI LE RISPOSTE E SCRIVI LE DOMANDE, COME NELL'ESEMPIO.

A. TU <u>COSA BEVI A COLAZIONE</u>?
   IO BEVO SEMPRE IL TÈ.

B. TU _____?
   MI DISPIACE, NON SO A CHE ORA PASSA IL TRENO PER NAPOLI.

C. I TUOI FIGLI _____?
   BEVONO SEMPRE IL SUCCO DI FRUTTA A MERENDA.

D. VOI _____?
   NOI TENIAMO SEMPRE I DOCUMENTI IN BORSA.

E. VOI _____?
   SÌ, NOI SAPPIAMO USARE BENE IL COMPUTER.

F. TU _____?
   TRA LA PIZZA E LE LASAGNE, IO SCELGO LE LASAGNE.

11 I VERBI: IL PRESENTE

VERBI IRREGOLARI DELLA TERZA CONIUGAZIONE

	DIRE	USCIRE	VENIRE	SALIRE
IO	DICO	ESCO	VENGO	SALGO
TU	DICI	ESCI	VIENI	SALI
LUI / LEI	DICE	ESCE	VIENE	SALE
NOI	DICIAMO	USCIAMO	VENIAMO	SALIAMO
VOI	DITE	USCITE	VENITE	SALITE
LORO	DICONO	ESCONO	VENGONO	SALGONO

14 COMPLETA LE FRASI CON I VERBI, COME NELL'ESEMPIO.

✓ SALI   ESCI   DICI   VENGO   USCITE   VIENI   DICIAMO   SALGONO

A. <u>SALI</u> LE SCALE A PIEDI, NON USARE SEMPRE L'ASCENSORE, COSÌ FAI UN PO' DI MOVIMENTO!
B. _____ AL CINEMA CON ME STASERA?
C. _____ A SCUOLA IN RITARDO STASERA, PUOI AVVISARE L'INSEGNANTE?
D. _____ TUTTE LE SERE CON I VOSTRI AMICI?
E. _____ SEMPRE TANTE PERSONE SUL TRENO ALLA FERMATA DI MESTRE.
F. _____ "PIACERE" IN ITALIA QUANDO CI PRESENTANO UNA PERSONA.
G. _____ SEMPRE CHE SEI STANCO PERCHÉ NON VUOI STUDIARE.
H. _____ TARDI DAL LAVORO ANCHE STASERA?

15 LEGGI LE DOMANDE E SCRIVI LE RISPOSTE, COME NELL'ESEMPIO.

A. A CHE ORA VENITE OGGI AL PARCO? <u>VENIAMO ALLE TRE.</u>
B. A CHE ORA ESCI DI CASA PER ANDARE A SCUOLA? _____
C. OGGI VIENI A CASA MIA A BERE IL CAFFÈ? _____
D. TU A CHE FERMATA DELL'AUTOBUS SALI? _____
E. COSA DICI QUANDO NON CAPISCI QUALCOSA? _____
F. VOI SALITE A PIEDI O CON L'ASCENSORE? _____
G. COSA DITE QUANDO RISPONDETE AL TELEFONO? _____
H. A CHE ORA USCITE DA SCUOLA? _____

11 ▸ I VERBI: IL PRESENTE

16 COMPLETA IL CRUCIVERBA CON I VERBI CONIUGATI, COME NELL'ESEMPIO.

VERTICALE ↓
1. TU PULIRE
2. IO VENIRE
4. LORO VENIRE
5. IO ANDARE
7. TU ANDARE
10. IO STARE
12. LUI USCIRE

ORIZZONTALE →
3. NOI BERE
6. LORO SAPERE
8. NOI DARE
9. IO DIRE
10. IO SAPERE
11. IO SCEGLIERE
13. VOI FARE

11 ▸ I VERBI: IL PRESENTE

IL VERBO PIACERE

LEGGI QUESTE FRASI.

> MI **PIACE** IL CIOCCOLATO.

> GLI **PIACE** BALLARE.

> CI **PIACCIONO** GLI ANIMALI.

> TI **PIACCIONO** LE FRAGOLE?

COME PUOI VEDERE, IL VERBO **PIACERE** HA SOLO DUE FORME: **PIACE** E **PIACCIONO**.

COME SI USA IL VERBO **PIACERE**?

17 GUARDA LE FRASI SOPRA E POI <u>SOTTOLINEA</u> LA PAROLA GIUSTA NEL TESTO QUI SOTTO.

> USIAMO **PIACE / PIACCIONO** CON I NOMI AL SINGOLARE E CON I VERBI ALL'INFINITO.
> USIAMO **PIACE / PIACCIONO** CON I NOMI AL PLURALE.

CON IL VERBO **PIACERE** NON SI USANO I PRONOMI PERSONALI **IO, TU, LUI / LEI, NOI, VOI, LORO** MA SI USANO I PRONOMI INDIRETTI. GUARDA LA TABELLA.

MI PIACE		
TI PIACE		
GLI PIACE		
LE PIACE		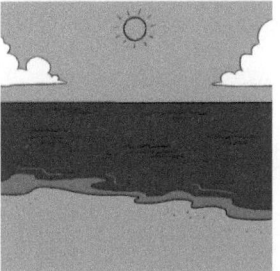
CI PIACE		
VI PIACE		
GLI PIACE	DISEGNARE.	IL MARE.

MI PIACCIONO		
TI PIACCIONO		
GLI PIACCIONO		
LE PIACCIONO		
CI PIACCIONO		
VI PIACCIONO		
GLI PIACCIONO	GLI ANIMALI.	LE VERDURE.

11 ▸ I VERBI: IL PRESENTE

18 COLLEGA LE IMMAGINI CON I PRONOMI, COME NELL'ESEMPIO.

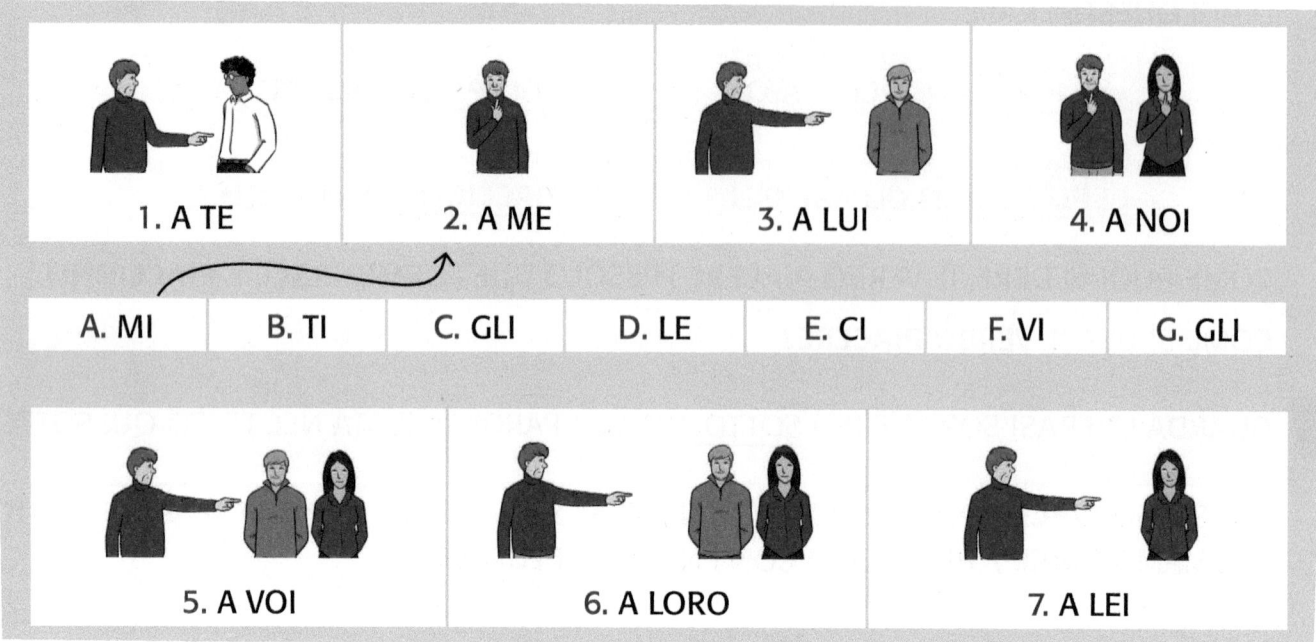

1. A TE
2. A ME
3. A LUI
4. A NOI

A. MI   B. TI   C. GLI   D. LE   E. CI   F. VI   G. GLI

5. A VOI
6. A LORO
7. A LEI

19 COSA TI PIACE E COSA NON TI PIACE? COMPLETA LA TABELLA.

I DOLCI   IL MARE   FARE SPORT   LE MONTAGNE   GLI SPAGHETTI
LEGGERE   LE GRANDI CITTÀ   ASCOLTARE LA MUSICA ITALIANA   LE NUVOLE
LA MATEMATICA   GLI ANIMALI   L'INVERNO   GIOCARE A CARTE
LE PERSONE MALEDUCATE   LE LASAGNE   I FIORI   USCIRE CON GLI AMICI

☺ MI PIACE	☹ NON MI PIACE
MI PIACCIONO	NON MI PIACCIONO

11 ▸ I VERBI: IL PRESENTE

I VERBI RIFLESSIVI

LEGGI QUESTE FRASI E GUARDA I VERBI ALL'INFINITO.

LAVARE

LAVO I DENTI A MIA FIGLIA.

METTERE

METTI LE SCARPE A TUA FIGLIA.

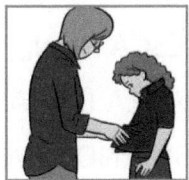

VESTIRE

VESTE LA BAMBINA.

LAVARSI

<u>**MI LAVO**</u> I DENTI.

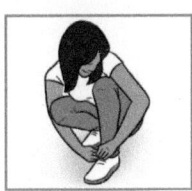

METTERSI

<u>**TI METTI**</u> LE SCARPE.

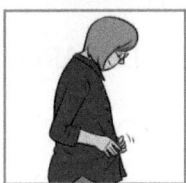

VESTIRSI

<u>**SI VESTE**</u>.

LAVARSI, METTERSI, VESTIRSI SONO **VERBI RIFLESSIVI**.

L'INFINITO DEI VERBI RIFLESSIVI FINISCE CON **-RSI**.
I VERBI RIFLESSIVI HANNO LE STESSE FORME DEI VERBI REGOLARI (VEDI PAGINA 47).
CON I VERBI RIFLESSIVI, USIAMO SEMPRE I **PRONOMI RIFLESSIVI** (**MI, TI, SI, CI, VI, SI**).
METTIAMO IL PRONOME RIFLESSIVO PRIMA DEL VERBO (**IO <u>MI</u> LAVO, TU <u>TI</u> METTI, LEI <u>SI</u> VESTE**).

20 GUARDA LE FRASI SOPRA E COMPLETA LA TABELLA CON I VERBI RIFLESSIVI.

	LAVARSI	METTERSI	VESTIRSI
IO	_____	MI METTO	MI VESTO
TU	TI LAVI	_____	TI VESTI
LUI / LEI	SI LAVA	SI METTE	_____
NOI	CI LAVIAMO	CI METTIAMO	CI VESTIAMO
VOI	VI LAVATE	VI METTETE	VI VESTITE
LORO	SI LAVANO	SI METTONO	SI VESTONO

11 ▸ I VERBI: IL PRESENTE

21 COMPLETA CON **MI**, **TI**, **CI**, **VI**, **SI**, COME NELL'ESEMPIO.

A. HO FREDDO. <u>MI</u> METTO IL MAGLIONE DI LANA.
B. FRANCESCA NON _____ SENTE BENE OGGI: FORSE HA LA FEBBRE.
C. IN VACANZA USCIAMO OGNI SERA E _____ DIVERTIAMO CON I NOSTRI AMICI.
D. OGNI GIORNO LAVO I PIATTI, PULISCO LA CUCINA, MA _____ DIMENTICO SEMPRE DI ANNAFFIARE I FIORI.
E. AL CINEMA COSA PREFERISCI FARE? _____ SIEDI DAVANTI O DIETRO?
F. SCUSA! NON _____ RICORDO MAI IL TUO NOME. COME _____ CHIAMI?

22 <u>SOTTOLINEA</u> LE PAROLE GIUSTE.

PAOLA   PRONTO?
SILVIA   CIAO PAOLA, SONO SILVIA
PAOLA   CIAO SILVIA! COME **TI SENTI** / **SI SENTE**?
SILVIA   ADESSO BENE, GRAZIE. E TU?
PAOLA   ANCH'IO STO BENE.
SILVIA   SENTI: STASERA **TI VEDI** / **CI VEDIAMO** ALLA FESTA DI JULIO?
PAOLA   SÌ, CERTO. TU COSA **MI METTI** / **TI METTI**?
SILVIA   UN VESTITO BLU E LE SCARPE ALTE. E TU?
PAOLA   IO **MI METTO** / **TI METTI** IL VESTITO NERO. È IL MIO PREFERITO.
SILVIA   SÌ, È PROPRIO BELLO. PERCHÉ NON **SI INCONTRANO** / **CI INCONTRIAMO** PRIMA A CASA MIA?
PAOLA   D'ACCORDO, **MI FACCIO** / **TI FACCIO** LA DOCCIA E ARRIVO DA TE PER LE OTTO. VA BENE?
SILVIA   BENISSIMO. SARÀ PROPRIO UNA BELLA FESTA.
PAOLA   SÌ, STASERA **CI DIVERTIAMO** / **VI DIVERTITE** SICURAMENTE.

11 ▸ I VERBI: IL PRESENTE

I VERBI MODALI

LEGGI QUESTE FRASI.

> LUNEDÌ **DEVO** LAVORARE FINO A TARDI.

> **PUOI** RISPONDERE AL TELEFONO, PER FAVORE?

> **VOGLIO** TROVARE UN LAVORO MIGLIORE.

DEVO, PUOI, VOGLIO SONO **VERBI MODALI**.
L'INFINITO DI QUESTI VERBI È **DOVERE, POTERE, VOLERE**.

23 GUARDA LE FRASI SOPRA E COMPLETA LA TABELLA.

	DOVERE	POTERE	VOLERE
IO	_____	POSSO	_____
TU	DEVI	_____	VUOI
LUI / LEI	DEVE	PUÒ	VUOLE
NOI	DOBBIAMO	POSSIAMO	VOGLIAMO
VOI	DOVETE	POTETE	VOLETE
LORO	DEVONO	POSSONO	VOGLIONO

DOPO **DOVERE** USIAMO UN VERBO ALL'INFINITO.
USIAMO **DOVERE** PER:
- INDICARE UN OBBLIGO, QUALCOSA CHE BISOGNA FARE O NON BISOGNA FARE.

> PER AVERE LA CARTA DI SOGGIORNO **DEVI** SUPERARE IL TEST DI ITALIANO A2.

> SABATO NON POSSO VENIRE ALLA FESTA: **DEVO** LAVORARE.

24 SOTTOLINEA IL VERBO GIUSTO, COME NELL'ESEMPIO.

A. NOI **DOBBIAMO** / **DOVETE** PULIRE LA CASA.
B. DOMANI MARTA HA L'ESAME DI INGLESE E STASERA **DEVE** / **DEVO** STUDIARE.
C. LA MIA MACCHINA NON VA PIÙ BENE: **DEVO** / **DOVETE** PORTARLA DAL MECCANICO.
D. PER IL PERMESSO DI SOGGIORNO TU **DOBBIAMO** / **DEVI** ANDARE IN QUESTURA.
E. TUTTI VANNO AL SUPERMERCATO QUANDO **DOBBIAMO** / **DEVONO** FARE LA SPESA.
F. ATTENTI, BAMBINI! PRIMA DI ATTRAVERSARE LA STRADA **DEVO** / **DOVETE** GUARDARE A SINISTRA E A DESTRA.
G. PER TROVARE UN LAVORO TU **DOBBIAMO** / **DEVI** METTERE UN ANNUNCIO ONLINE.
H. MARIO HA MAL DI DENTI: **DEVE** / **DEVI** ANDARE DAL DENTISTA.

11 ▸ I VERBI: IL PRESENTE

DOPO **VOLERE** USIAMO UN VERBO ALL'INFINITO O UN NOME.
USIAMO **VOLERE** PER:

- INDICARE UN DESIDERIO.

  ELENA, CHE COSA **VUOI** FARE PER IL TUO COMPLEANNO?

  VOGLIO GUADAGNARE TANTI SOLDI PER COMPRARE UNA CASA.

- OFFRIRE QUALCOSA, FARE UN INVITO.

  VUOI BERE UN CAFFÈ?

  VOLETE VENIRE IN CENTRO CON NOI?

25 COMPLETA LE FRASI CON IL VERBO **VOLERE**, COME NELL'ESEMPIO.

A. LA CITTÀ NON MI PIACE: <u>VOGLIO</u> ANDARE A VIVERE IN CAMPAGNA.

B. ALBERTO E STEFANIA _____ MANGIARE SEMPRE LA PIZZA O LA PASTA!

C. CECILIA, _____ ANDARE A ROMA IN TRENO O IN MACCHINA?

D. NOI MANGIAMO MOLTA FRUTTA E MOLTA VERDURA: _____ MANGIARE BENE E SANO!

E. DOMANI COMINCIANO I SALDI! IO _____ COMPRARE UN CAPPOTTO GRIGIO. E TU?

F. MAMADOU STUDIA IL CODICE DELLA STRADA: _____ PRENDERE LA PATENTE.

G. BAMBINI, _____ UN'ARANCIATA?

H. NOI _____ IMPARARE BENE L'ITALIANO PER TROVARE UN BUON LAVORO.

ATTENZIONE!

PER ESSERE GENTILI AL POSTO DI **VOGLIO** USIAMO **VORREI**.

BUONGIORNO, **VORREI** UN CHILO DI MELE, PER FAVORE.

VORREI AVERE DELLE INFORMAZIONI SUL PREZZO DEI BIGLIETTI.

11 ▸ I VERBI: IL PRESENTE

DOPO **POTERE** USIAMO UN VERBO ALL'INFINITO.
USIAMO **POTERE** PER:
- CHIEDERE QUALCOSA GENTILMENTE.

> **PUÒ** APRIRE LA FINESTRA, PER FAVORE?

> MI **PUOI** PRESTARE LA PENNA, PER FAVORE?

- DIRE COSA È PERMESSO FARE O COSA NON È PERMESSO FARE.

> NON **POSSIAMO** PARCHEGGIARE LA MACCHINA SUL MARCIAPIEDI.

> **POSSO** SPEDIRE UN PACCO ALLA POSTA O CON UN CORRIERE.

26 COMPLETA LE FRASI CON IL VERBO **POTERE**, COME NELL'ESEMPIO.

A. SCUSA YUSSEF, PER FAVORE <u>PUOI</u> PRESTARMI LA PENNA?

B. NOI FINIAMO DI LAVORARE TRA UN'ORA. ADESSO NON _____ TORNARE A CASA.

C. ALL'OSPEDALE I BAMBINI NON _____ CORRERE NEI CORRIDOI.

D. CERCATE UNA PIZZERIA ECONOMICA? ALLA PIZZERIA NAPOLI _____ MANGIARE BENE E SPENDERE POCO.

E. SCUSI, PROFESSORE, PER FAVORE _____ RIPETERE?

F. LUISA NON HA ANCORA 18 ANNI E NON _____ GUIDARE L'AUTOMOBILE.

G. MI SCUSI, NOI _____ ORDINARE?

H. CIAO, SONO LUCA. _____ ENTRARE?

27 COMPLETA LE FRASI CON I VERBI MODALI (**DOVERE**, **POTERE** E **VOLERE**), COME NELL'ESEMPIO.

A. IN AEREO, I PASSEGGERI NON <u>POSSONO</u> FUMARE.

B. PER SUPERARE L'ESAME, VOI _____ STUDIARE.

C. STASERA IO _____ USCIRE CON GLI AMICI, MA MIO PADRE NON È D'ACCORDO.

D. I BAMBINI _____ RISPETTARE LE REGOLE DEI GENITORI.

E. IN AGOSTO NOI _____ ANDARE IN VACANZA IN GRECIA.

F. MARCO È TRISTE: NON _____ COMPRARE UNA CASA PERCHÉ NON HA ABBASTANZA SOLDI.

G. IL DOTTORE MI HA DETTO CHE _____ SMETTERE SUBITO DI FUMARE.

11 ▸ I VERBI: IL PRESENTE

SAPERE E CONOSCERE

I VERBI **SAPERE** E **CONOSCERE** HANNO UN SIGNIFICATO SIMILE, MA SEGUONO REGOLE DIVERSE. TI RICORDI LA LORO CONIUGAZIONE?

28 TROVA (IN ORIZZONTALE → E IN VERTICALE ↓) LE FORME DEL VERBO **SAPERE** E DEL VERBO **CONOSCERE** E COMPLETA LA TABELLA, COME NELL'ESEMPIO.

A	M	I	C	O	N	O	A	S	S	I
L	I	N	O	S	C	I	S	L	A	C
O	C	O	N	O	S	C	O	O	M	O
M	O	M	O	M	A	I	T	I	M	N
C	N	E	S	A	P	E	T	E	O	O
L	O	P	C	L	P	R	I	F	N	S
U	S	A	I	C	I	A	N	D	E	C
P	C	R	E	S	A	N	N	O	T	E
N	I	D	L	O	M	U	E	N	E	T
B	A	O	S	C	O	N	O	S	C	E
O	M	C	I	E	B	P	P	A	I	M
C	O	N	O	S	C	O	N	O	N	A

	CONOSCERE	SAPERE
IO	CONOSCO	SO
TU		
LUI / LEI		
NOI		
VOI		
LORO		

11 ▸ I VERBI: IL PRESENTE

29 SOTTOLINEA LE PAROLE DOPO IL VERBO **SAPERE** E SCRIVILE SOTTO, COME NELL'ESEMPIO.

A. SAI <u>CHI</u> HA ROTTO LA FINESTRA?
B. SAPETE CHE COSA HANNO MANGIATO?
C. SAI COME ARRIVARE A CASA MIA?
D. SANNO DOVE ABITIAMO?
E. SAI PERCHÉ NON SIAMO VENUTE ALLA FESTA?
F. SAPETE QUANTO COSTA IL BIGLIETTO DELL'AUTOBUS?
G. SAI QUALE FILM TRASMETTONO IN TV?
H. SANNO QUAL È L'INDIRIZZO DELLA SCUOLA?

A. CHI	B. _____	C. _____	D. _____
E. _____	F. _____	G. _____	H. _____

DOPO **SAPERE** POSSIAMO TROVARE UNA FRASE INTRODOTTA DA UN INTERROGATIVO.

30 LEGGI LE FRASI E SOTTOLINEA I VERBI DOPO **SAPERE**, COME NELL'ESEMPIO.

IO SO <u>SCIARE</u>.   TU SAI GUIDARE LA MACCHINA.   NOI SAPPIAMO CUCINARE BENE.

INFINITO O PRESENTE? SOTTOLINEA LA PAROLA GIUSTA.

I VERBI DOPO **SAPERE**, SONO TUTTI **ALL'INFINITO / AL PRESENTE**.

QUANDO **SAPERE** È SEGUITO DA UN VERBO ALL'INFINITO SIGNIFICA **ESSERE CAPACE DI**...

31 LEGGI LE FRASI E SOTTOLINEA LE PAROLE DOPO IL VERBO **CONOSCERE**, COME NELL'ESEMPIO

VOI CONOSCETE <u>MIO MARITO</u>?   IO CONOSCO PAOLA.   TU CONOSCI L'INDIRIZZO DELLA SCUOLA?

NOME O VERBO? SOTTOLINEA LA PAROLA GIUSTA.

DOPO **CONOSCERE** TROVIAMO SEMPRE **IL NOME / IL VERBO** DI UNA PERSONA O DI UNA COSA.

GRAMMATICA di BASE – con ESERCIZI

11 ▸ I VERBI: IL PRESENTE

32 SOTTOLINEA IL VERBO, COME NELL'ESEMPIO.

A. GLI AUTISTI DEGLI AUTOBUS **SANNO** / **CONOSCONO** BENE LE STRADE DELLA CITTÀ.
B. I MEDICI **CONOSCONO** / **SANNO** RICONOSCERE LE DIVERSE MALATTIE.
C. I CUOCHI **SANNO** / **CONOSCONO** PREPARARE OTTIMI PIATTI.
D. L'ELETTRICISTA **SA** / **CONOSCE** I DIVERSI TIPI DI IMPIANTI ELETTRICI.
E. L'IDRAULICO **SA** / **CONOSCE** RIPARARE LE CALDAIE.
F. L'ASSISTENTE DI VOLO **SA** / **CONOSCE** MOLTE LINGUE STRANIERE.

33 SCRIVI 3 COSE CHE SAI FARE E 3 COSE CHE CONOSCI BENE.

IO SO _____	IO SO _____	IO SO _____
IO CONOSCO _____	IO CONOSCO _____	IO CONOSCO _____

34 COMPLETA LE FRASI CON I VERBI **CONOSCERE** E **SAPERE**, COME NELL'ESEMPIO.

A. IL PIZZAIOLO <u>SA</u> QUANTA MOZZARELLA METTERE SULLA PIZZA.
B. TU _____ COME PREPARARE UN BUON CAFFÈ.
C. I MECCANICI _____ TUTTE LE PARTI DEL MOTORE.
D. IO NON _____ PERCHÉ HO PAURA DELL'ACQUA.
E. LE MAMME _____ CHE COSA PIACE AI LORO FIGLI.
F. VOI _____ I NOMI DEI VOSTRI COMPAGNI DI CLASSE.
G. LA PARRUCCHIERA _____ QUALE TAGLIO DI CAPELLI FARE.

35 GUARDA LE IMMAGINI E SCRIVI CHE COSA DEVONO SAPER FARE E COSA DEVONO CONOSCERE QUESTE PERSONE PER LAVORARE, COME NELL'ESEMPIO.

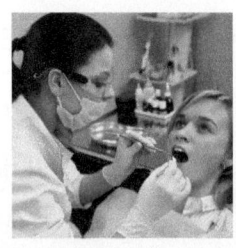  

IL DENTISTA <u>DEVE CONOSCERE LE MALATTIE DEI DENTI E DEVE SAPERE USARE GLI STRUMENTI.</u>

IL GIORNALISTA _____ _____ _____ _____

IL FALEGNAME _____ _____ _____ _____

12 ▸ I VERBI: IL PASSATO PROSSIMO

LEGGI QUESTE FRASI.

> DOMENICA SCORSA **HO CAMMINATO** TUTTO IL GIORNO PERCHÉ **SONO ANDATO** IN MONTAGNA CON I MIEI AMICI.

> STAMATTINA **HO PERSO** L'AUTOBUS E **SONO ARRIVATO** IN RITARDO AL LAVORO.

I VERBI SOTTOLINEATI SONO AL **PASSATO PROSSIMO**.
USIAMO IL TEMPO PASSATO PROSSIMO PER PARLARE DI AZIONI E FATTI DEL PASSATO.

1 LEGGI QUESTE FRASI E SCRIVI LE PAROLE CHE MANCANO.

> IERI IO **HO MANGIATO** LA PIZZA.

HO = PRESENTE DEL VERBO _____
MANGIATO = PARTICIPIO PASSATO DEL VERBO MANGIARE

> DOMENICA IO **SONO ANDATO** AL CINEMA.

SONO = PRESENTE DEL VERBO _____
ANDATO = PARTICIPIO PASSATO DEL VERBO ANDARE

2 LEGGI LA REGOLA E SCRIVI LE PAROLE CHE MANCANO.

IL PASSATO PROSSIMO SI FORMA CON DUE PAROLE: IL PRESENTE DEL VERBO _____ O DEL VERBO _____ (IN GRAMMATICA SI CHIAMA VERBO **AUSILIARE**) E IL _____ DEL VERBO.

COME SI FORMA IL PARTICIPIO PASSATO?

- SI PRENDE IL VERBO ALL'INFINITO E SI TOGLIE LA PARTE FINALE DEL VERBO (**-ARE, -ERE, -IRE**)

MANGIAR~~E~~	VENDER~~E~~	FINIR~~E~~

- SI AGGIUNGE ALLA RADICE: **-ATO** PER I VERBI DELLA PRIMA CONIUGAZIONE, **-UTO** PER I VERBI DELLA SECONDA CONIUGAZIONE, **-ITO** PER I VERBI DELLA TERZA CONIUGAZIONE.

MANGI(ATO)	VEND(UTO)	FIN(ITO)

GRAMMATICA di BASE – con ESERCIZI

12 ▸ I VERBI: IL PASSATO PROSSIMO

3 COLLEGA I VERBI ALL'INFINITO CON LA DESINENZA GIUSTA E POI SCRIVI IL PARTICIPIO PASSATO, COME NELL'ESEMPIO.

A. USARE		A. USATO
B. PULIRE		B. _____
C. CANTARE		C. _____
D. RICEVERE	-ATO	D. _____
E. USCIRE	-UTO	E. _____
F. MANDARE	-ITO	F. _____
G. POTERE		G. _____
H. CUCIRE		H. _____
I. CAMMINARE		I. _____
L. SAPERE		L. _____

4 SCRIVI L'INFINITO DEI PARTICIPI PASSATI, COME NELL'ESEMPIO.

A. DOVUTO — DOVERE
B. SPEDITO — _____
C. GIOCATO — _____
D. AVUTO — _____
E. AMATO — _____
F. PIACIUTO — _____
G. TROVATO — _____
H. DORMITO — _____
I. CONOSCIUTO — _____

5 SOTTOLINEA I VERBI AL PASSATO PROSSIMO E SCRIVI L'INFINITO, COME NELL'ESEMPIO.

A. CON IL MIO AIUTO, PABLO HA TROVATO IL SUO PORTAFOGLIO E MI HA PAGATO UNA CENA IN PIZZERIA. TROVARE, PAGARE

B. IERI SERA ABBIAMO MANGIATO MOLTISSIMO E ABBIAMO AVUTO MAL DI STOMACO TUTTA LA NOTTE. _____ , _____

C. IL MIO MIGLIORE AMICO È PARTITO PER UN VIAGGIO E HO SENTITO SUBITO LA SUA MANCANZA. _____ , _____

D. LA FAMIGLIA DI ASIN GLI HA SPEDITO UN PACCO CON TANTI REGALI E LUI HA TELEFONATO SUBITO PER RINGRAZIARE. _____ , _____

12 ▸ I VERBI: IL PASSATO PROSSIMO

6 COMPLETA LA TABELLA CON I PARTICIPI PASSATI A DESTRA, COME NELL'ESEMPIO.

ATTENZIONE!
IN ITALIANO MOLTI VERBI HANNO IL PARTICIPIO PASSATO IRREGOLARE.

INFINITO	PARTICIPIO PASSATO
APRIRE	APERTO
BERE	_____
CHIEDERE	CHIESTO
CHIUDERE	CHIUSO
DIRE	_____
ESSERE	STATO
FARE	_____
LEGGERE	LETTO
METTERE	MESSO
MORIRE	MORTO
NASCERE	_____
PERDERE	PERSO
PRENDERE	PRESO
RIMANERE	RIMASTO
RISPONDERE	_____
ROMPERE	ROTTO
SCENDERE	SCESO
SCEGLIERE	_____
SCRIVERE	SCRITTO
STARE	STATO
VEDERE	_____
VINCERE	VINTO

SCELTO   VISTO   NATO   BEVUTO   FATTO   RISPOSTO   DETTO   ✓APERTO

ATTENZIONE!
I VERBI **ESSERE** E **STARE** HANNO LO STESSO PARTICIPIO PASSATO (**STATO**).

12 ▸ I VERBI: IL PASSATO PROSSIMO

7 COMPLETA IL CRUCIVERBA CON I PARTICIPI PASSATI DEI VERBI.

VERTICALE ↓
1. METTERE
2. DIRE
4. SPEDIRE
6. LEGGERE
7. CHIUDERE
8. NASCERE
10. MORIRE
11. FARE
13. STARE

ORIZZONTALE →
3. RISPONDERE
5. BERE
7. CHIEDERE
9. DORMIRE
12. AVERE
14. SCRIVERE

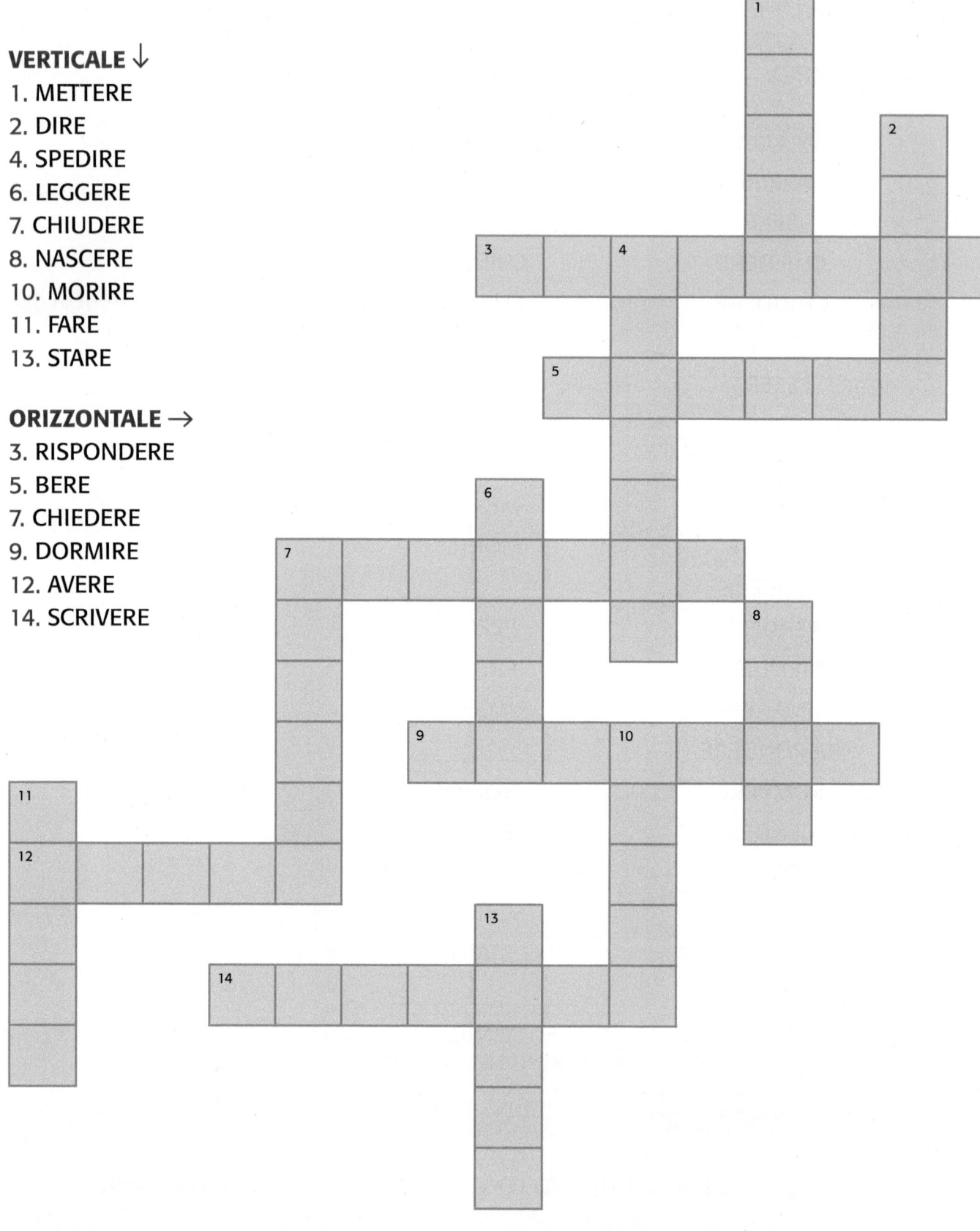

12 ▸ I VERBI: IL PASSATO PROSSIMO

LEGGI QUESTE FRASI.

> IERI **HO INCONTRATO** GIULIA.

> SABATO **ABBIAMO COMPRATO** UN LIBRO.

> STAMATTINA HASSAN **È PARTITO**.

> VOI **SIETE USCITI** TARDI DALL'UFFICIO.

8 GUARDA LE FRASI SOPRA E SCRIVI LE PAROLE CHE MANCANO QUI SOTTO.

> I VERBI SOTTOLINEATI SONO TUTTI AL TEMPO _____.
> DUE HANNO COME AUSILIARE IL VERBO _____ (**HO INCONTRATO**, **ABBIAMO COMPRATO**) E DUE HANNO COME AUSILIARE IL VERBO _____ (**È PARTITO**, **SIETE USCITI**).

QUANDO USIAMO IL VERBO **ESSERE** E QUANDO USIAMO IL VERBO **AVERE** PER FORMARE IL PASSATO PROSSIMO?

AUSILIARE AVERE
DI SOLITO USIAMO COME AUSILIARE IL VERBO **AVERE** CON I VERBI SEGUITI DIRETTAMENTE DA UN NOME (OGGETTO) E QUANDO POSSIAMO RISPONDERE ALLA DOMANDA **CHI? CHE COSA?**

> HO INCONTRATO **GIULIA**.

INCONTRARE = **CHI?** → GIULIA.

(PRESENTE DEL VERBO **AVERE** + PARTICIPIO PASSATO)

> ABBIAMO COMPRATO UN **LIBRO**.

COMPRARE = **CHE COSA?** → UN LIBRO

(PRESENTE DEL VERBO **AVERE** + PARTICIPIO PASSATO)

9 GUARDA LE FRASI SOPRA. IL PARTICIPIO PASSATO DEI VERBI CON **AVERE** FINISCE SEMPRE CON LA STESSA LETTERA. QUALE? _____

10 COMPLETA LA TABELLA.

	INCONTRARE	RICEVERE	CAPIRE
IO	HO INCONTRATO	_____	HO CAPITO
TU	_____	HAI RICEVUTO	_____
LUI / LEI	HA INCONTRATO	_____	HA CAPITO
NOI	ABBIAMO INCONTRATO	ABBIAMO RICEVUTO	_____
VOI	_____	AVETE RICEVUTO	_____
LORO	HANNO INCONTRATO	_____	HANNO CAPITO

12 ▸ I VERBI: IL PASSATO PROSSIMO

11 COMPLETA LE FRASI CON I VERBI AL PASSATO PROSSIMO, COME NELL'ESEMPIO.

A. LA SETTIMANA SCORSA IO HO COMPRATO (COMPRARE) UN'AUTO NUOVA.
B. DOMENICA SCORSA IO _____ (GIOCARE) TUTTO IL GIORNO AL PARCO.
C. TU _____ (SAPERE) LA NOVITÀ DI JOSÈ? IN AGOSTO SI SPOSA!
D. NOI _____ (SCEGLIERE) LA SCUOLA PER NOSTRO FIGLIO.
E. FINALMENTE IO _____ (FINIRE) DI PULIRE LA CASA.
F. STAMATTINA MARIA _____ (TROVARE) 10 EURO SUL MARCIAPIEDE.
G. BAMBINI, _____ (STUDIARE) LA LEZIONE PER DOMANI?
H. ANITA E JULIO _____ (PERDERE) LA PARTITA A CARTE.

12 COMPLETA LE FRASI CON QUESTI VERBI AL PASSATO PROSSIMO, COME NELL'ESEMPIO.

PREPARARE	ROMPERE	POTERE	LEGGERE	CAPIRE
SEGUIRE	✓TROVARE	RISPONDERE	VENDERE	SPIEGARE
✓PREMERE	SENTIRE	DORMIRE	DARE	GUARDARE

A. LUCIA HA PREMUTO A LUNGO IL CAMPANELLO MA NON HA TROVATO NESSUNO IN CASA.
B. IL PROFESSORE _____ PER TUTTA L'ORA MA IO _____ PER TUTTO IL TEMPO E _____ SOLO IL SUONO DELLA CAMPANELLA ALLA FINE DELLA LEZIONE.
C. CECILIA E LARISSA _____ I MIEI CONSIGLI E _____ UN OTTIMO PRANZO PER I LORO AMICI.
D. IERI NOTTE I MIEI VICINI _____ LA TELEVISIONE AD ALTO VOLUME E NOI NON _____ DORMIRE.
E. FINALMENTE MIO PADRE _____ DI NON ESSERE PIÙ GIOVANE E _____ LA SUA VECCHIA MOTO.
F. DANIEL _____ UN CALCIO MOLTO FORTE AL PALLONE E _____ LA FINESTRA DEL SOGGIORNO.
G. IO _____ IL TUO MESSAGGIO E _____ SUBITO.

12 ▸ I VERBI: IL PASSATO PROSSIMO

13 GUARDA LE IMMAGINI E COMPLETA LE FRASI AL PASSATO PROSSIMO, COME NELL'ESEMPIO.

A. IO <u>HO PERSO</u> LE CHIAVI.

B. IERI POMERIGGIO I BAMBINI _____ UN GELATO.

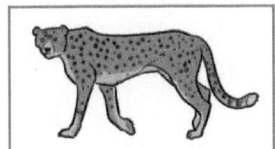
C. LUIS _____ UN GHEPARDO ALLO ZOO.

D. IERI MARCO _____ LA CASA.

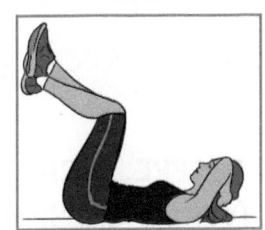
E. STAMATTINA IRINA _____ GINNASTICA PER UN'ORA.

F. NOI _____ LA FAMIGLIA DI CLAUDIO.

G. VOI NON _____ LA SVEGLIA STAMATTINA.

H. JOSÈ _____ UN ANELLO A SUA MOGLIE.

12 ▸ I VERBI: IL PASSATO PROSSIMO

AUSILIARE ESSERE
USIAMO COME AUSILIARE IL VERBO **ESSERE** PER FORMARE IL PARTICIPIO PASSATO CON:
- I VERBI RIFLESSIVI

> HASSAN E MOHAMED **SI SONO DIVERTITI**.
> LUISA **SI È ANNOIATA**.
> GIULIA E CARMEN **SI SONO VESTITE**.
> PIER **SI È ALZATO** PRESTO.

- I VERBI DI MOVIMENTO CHE INDICANO UNO SPOSTAMENTO DA UN LUOGO A UN ALTRO LUOGO

> IO **SONO ANDATO** A SCUOLA.
> LUI **È USCITO** DI CASA.
> VOI **SIETE SALITI** SUL TRENO.
> ANNA **È PARTITA** IERI.

- I VERBI CHE INDICANO UN CAMBIAMENTO

> TU **SEI INGRASSATO**.
> LEI **È DIMAGRITA**.
> I BAMBINI **SONO CRESCIUTI**.
> VOI **SIETE DIVENTATE** AMICHE.

14 COLLEGA I VERBI CON L'AUSILIARE GIUSTO. POI, PER I VERBI CON **ESSERE**, SCRIVI IL TIPO DI VERBO: **R** (VERBO RIFLESSIVO), **M** (VERBO DI MOVIMENTO), **C** (VERBO CHE INDICA UN CAMBIAMENTO), COME NELL'ESEMPIO.

A. ANDARE	(M) → ESSERE		F. ALZARSI	(__)
B. GIOCARE	(__)		G. DIVENTARE	(__)
C. DIMAGRIRE	(__)		H. PAGARE	(__)
D. ASPETTARE	(__) AVERE		I. PETTINARSI	(__)
E. AMARE	(__)		L. VENIRE	(__)

12 ▸ I VERBI: IL PASSATO PROSSIMO

15 COSA HAI FATTO IERI? GUARDA LE FOTOGRAFIE E SCRIVI SE HAI FATTO O NON HAI FATTO QUESTI LAVORI / ATTIVITÀ / SPORT, COME NELL'ESEMPIO.

A. IO NON HO PASSEGGIATO NEL PARCO.

B. _____

C. _____

D. _____

E. _____

F. _____

G. _____

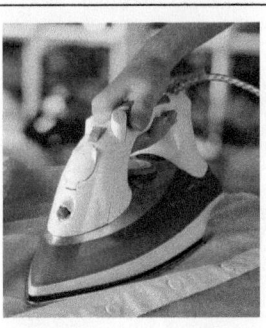

H. _____

12 ▸ I VERBI: IL PASSATO PROSSIMO

LEGGI QUESTE FRASI.

HASSAN E MOHAMED **SI SONO DIVERTITI**.

LEI È DIMAGRIT**A**.

LUI È USCIT**O** DI CASA

16 GUARDA LE FRASI SOPRA. I PARTICIPI PASSATI FINISCONO SEMPRE CON LA STESSA LETTERA O CAMBIANO? _____.

17 GUARDA LE FRASI SOPRA E SCRIVI LE PAROLE CHE MANCANO QUI SOTTO.

> IL PARTICIPIO PASSATO DEI VERBI CON AUSILIARE **ESSERE** SEGUE IL GENERE DELLA PERSONA, CIOÈ MASCHILE O _____, E IL NUMERO, CIOÈ _____ O PLURALE.

18 COMPLETA LA TABELLA CON LA CONIUGAZIONE DEL VERBO **USCIRE** AL PASSATO PROSSIMO.

		MASCHILE	FEMMINILE
SINGOLARE	IO	SONO USCIT**O**	_____
	TU	_____	SEI USCIT**A**
	LUI / LEI	È USCIT**O**	_____
PLURALE	NOI	SIAMO USCIT**I**	_____
	VOI	_____	SIETE USCIT**E**
	LORO	SONO USCIT**I**	_____

19 COSA HANNO FATTO QUESTE PERSONE IERI POMERIGGIO? COLLEGA LE FRASI ALLE FOTOGRAFIE. ATTENZIONE AI PARTICIPI PASSATI.

1.

3.

A. SI È ADDORMENTATA

B. SONO ANDATI AL PARCO

C. SI SONO DIVERTITE

D. SI È RIPOSATO

2.

4.

12 ▸ I VERBI: IL PASSATO PROSSIMO

20 RITORNA AL PUNTO DI PARTENZA UNENDO SOLO LE FRASI CORRETTE (F = FEMMINILE; M = MASCHILE).

PARTENZA ↓

LE BAMBINE SONO SCIVOLATI	PAOLO, TI SEI DIVERTITA?	LEI È USCITA	LEI È SCESO	JULIO È DIVERTITA
VOI (F) VI SIETE INCONTRATI	LEI È VENUTA	LEI È VENUTO	GIULIA E SARA SONO INGRASSATE	NOI (F) CI SIAMO ARRABBIATI
LORO (F) SONO SCIVOLATE	VOI (F) VI SIETE ALZATI	NOI (M) CI SIAMO PERSE	IO (M) MI SONO RIPOSATA	NOI (F) CI SIAMO ARRABBIATE
LUI È STATA	IO (M) MI SONO LAVATO	TU (F) TI SEI DIMENTICATO	LEI SI È AMMALATA	LE BAMBINE SI SONO ADDORMENTATI
LE MIE AMICHE SONO PARTITI	VOI (M) VI SIETE ALZATE	TU (F) TI SEI SPOSATA	VOI (F) SIETE USCITI	I BAMBINI SI SONO PERSE

21 GUARDA QUESTI DISEGNI INCOMPLETI: SECONDO TE COSA HANNO FATTO IERI QUESTE PERSONE? SCRIVI, COME NELL'ESEMPIO.

A. LISA <u>HA LETTO UN LIBRO.</u>

B. CARLO _____

C. LUCIA _____

D. MATTEO _____

E. PIERO _____

F. MONICA _____

12 ▸ I VERBI: IL PASSATO PROSSIMO

HAI INDOVINATO COSA HANNO FATTO IERI QUESTE PERSONE? CONTROLLA E, SE HAI SBAGLIATO, SCRIVI IL TESTO GIUSTO.

A. LISA _____

B. CARLO _____

C. LUCIA _____

D. MATTEO _____

E. PIERO _____

F. MONICA _____

22 SCRIVI LE LETTERE FINALI DEI PARTICIPI PASSATI E COMPLETA LE FRASI, COME NELL'ESEMPIO.

A. IERI MARIA È STAT**A** IN UFFICIO TUTTO IL GIORNO.
B. ANA E LORY SONO ANDAT____ AL CINEMA.
C. TU E MARTA SIETE GUARIT____ DALL'INFLUENZA.
D. IL GATTO È SALIT____ SUL LETTO.
E. I PASSEGGERI SONO SCES____ DAL TRENO.
F. IERI È NAT____ MATILDE!

12 ▸ I VERBI: IL PASSATO PROSSIMO

23 COMPLETA LE FRASI CON I VERBI AL PASSATO PROSSIMO.

Da: terry@hotmail.com   A: samantha@gmail.com
Oggetto: finalmente…

CIAO SAMANTHA,
COME STAI? SCUSA SE NON TI _____ (SCRIVERE) PRIMA, MA _____ (ESSERE) MOLTO IMPEGNATA.
LA SETTIMANA SCORSA _____ (ARRIVARE) UNA MIA AMICA DALL'INDIA.
SI CHIAMA CHRISTIE E HA 24 ANNI. LEI _____ (RIMANERE) A CASA MIA 4 GIORNI.
ANCHE SE IL TEMPO _____ (ESSERE) POCO,
NOI _____ (FARE) MOLTE COSE DIVERTENTI: _____ (STARE) UN GIORNO INTERO IN UN CENTRO COMMERCIALE A FARE SHOPPING, _____ (ANDARE) A BALLARE, _____ (CENARE) CON AMICI, E TUTTE LE NOTTI _____ (CHIACCHIERARE) FINO A TARDI.
CHRISTIE È PROPRIO UNA CARA AMICA!
LEI _____ (PARTIRE) SOLO DA TRE GIORNI, MA GIÀ MI MANCA.

SPERO DI PRESENTARTI CHRISTIE UN GIORNO.

A PRESTO,
TERESA

---

24 SCRIVI QUESTE PAROLE NELL'ORDINE GIUSTO, COME NELL'ESEMPIO.

A. SONO STANCATI / I MURATORI / SI / MOLTO
   <u>I MURATORI SI SONO STANCATI MOLTO.</u>

B. SI / IL GATTO / SUL LETTO / È ADDORMENTATO
   _____

C. PER LA FESTA / TU / TI / ELEGANTE / SEI VESTITO
   _____

D. SONO FATTO / AL LAVORO / IO / MI / MALE
   _____

E. VI / AL CINEMA / SIETE ANNOIATI / VOI
   _____

F. AL RISTORANTE / CI / NOI / SIAMO INCONTRATE
   _____

12 ▸ I VERBI: IL PASSATO PROSSIMO

25 COMPLETA LE FRASI CON IL PASSATO PROSSIMO.
SCRIVI POI LA DATA CORRISPONDENTE DI CIASCUN FATTO,
COME NELL'ESEMPIO.

6 OTTOBRE 1924   25 APRILE 1945

✓ 9 LUGLIO 2006

7 GENNAIO 1797   2 GIUGNO 1946

A. LA NAZIONALE DI CALCIO ITALIANA HA BATTUTO (BATTERE) LA FRANCIA E HA VINTO (VINCERE) I CAMPIONATI DEL MONDO IN GERMANIA.

DATA: 9 LUGLIO 2006

B. GLI ALLEATI _____ (SCONFIGGERE) LE FORZE NAZIFASCISTE E POCO TEMPO DOPO LA SECONDA GUERRA MONDIALE _____ (FINIRE) PER L'ITALIA.

DATA: _____

C. CON UNA VOTAZIONE GLI ITALIANI _____ (SCEGLIERE) LA REPUBBLICA COME FORMA DI GOVERNO E PER LA PRIMA VOLTA ANCHE LE DONNE _____ (VOTARE).

DATA: _____

D. GLI ITALIANI _____ (PRENDERE) COME MODELLO LA BANDIERA FRANCESE E _____ (CREARE) LA BANDIERA ITALIANA CON I COLORI VERDE, BIANCO E ROSSO.

DATA: _____

E. RADIO ROMA _____ (TRASMETTERE) IL PRIMO PROGRAMMA ALLA RADIO: UN CONCERTO DI MUSICA CLASSICA CHE _____ (DURARE) POCHI MINUTI.

DATA: _____

26 ADESSO SCRIVI TU 5 FATTI DELLA STORIA DEL TUO PAESE: USA IL PASSATO PROSSIMO.

_____
_____
_____
_____
_____

12 ▸ I VERBI: IL PASSATO PROSSIMO

27 LEGGI LA MAIL DI CARMEN E COMPLETA LA RISPOSTA DI ANILA: <u>SOTTOLINEA</u> IL VERBO GIUSTO E SCRIVILO AL PASSATO PROSSIMO, COME NELL'ESEMPIO.

Da: carmen90@libero.com **A:** anila@gmail.com
Oggetto: tutto bene?

CIAO ANILA,
COME STAI? IERI HO ASPETTATO PER TANTO TEMPO MA TU NON SEI PASSATA. ALLORA MI SONO PREOCCUPATA E TI HO TELEFONATO TANTE VOLTE, MA NON HAI MAI RISPOSTO.
COSA È SUCCESSO? PER FAVORE MANDAMI TUE NOTIZIE.
A PRESTO
CARMEN

Da: anila@gmail.com **A:** carmen90@libero.com
Oggetto: che sfortuna!

CIAO CARMEN,
MI DISPIACE MOLTO PER IERI, MA <u>È STATA</u> (**ESSERE** / ACCADERE) UNA BRUTTA GIORNATA.
_____ (**SVEGLIARSI** / **ADDORMENTARSI**) TARDI PERCHÉ NON _____ (**SENTIRE** / **ASCOLTARE**) LA SVEGLIA.
_____ (**ANDARE** / **TORNARE**) VELOCEMENTE IN BAGNO A FARE UNA DOCCIA E _____ (**ALZARSI** / **CADERE**).
COSÌ _____ (**URLARE** / **TELEFONARE**) A MIA SORELLA E INSIEME _____ (**CAMMINARE** / **ANDARE**) IN OSPEDALE.
L'ORTOPEDICO MI _____ (**VISITARE** / **GUARIRE**) E MI _____ (**CANTARE** / **DIRE**): "SIGNORA, LEI _____ (**ROMPERSI** / **APRIRE**) IL BRACCIO!".
COSÌ MI _____ (**TOGLIERE** / **METTERE**) IL GESSO.
PER UN MESE HO IL BRACCIO INGESSATO. CHE SFORTUNA!!!
QUANDO VUOI, VIENI A TROVARMI. MI FA SEMPRE MOLTO PIACERE.
CI SENTIAMO PRESTO,
ANILA

GRAMMATICA di BASE – con ESERCIZI

12 ▸ I VERBI: IL PASSATO PROSSIMO

IL PASSATO PROSSIMO DEL VERBO PIACERE

LEGGI QUESTE FRASI.

MI **È PIACIUTO** IL REGALO.

NON GLI **È PIACIUTA** LA FESTA.

TI **SONO PIACIUTI** I FIORI?

CI **SONO PIACIUTE** LE VOSTRE FOTOGRAFIE.

PER FORMARE IL PASSATO PROSSIMO DEL VERBO **PIACERE**, USIAMO L'AUSILIARE **ESSERE**. IL PARTICIPIO PASSATO CAMBIA IN BASE AL GENERE (MASCHILE / FEMMINILE) E AL NUMERO (SINGOLARE / PLURALE).

TI **È PIACIUTO** GIOCARE A CARTE CON CARLO.

ATTENZIONE!
CON I VERBI ALL'INFINITO, USIAMO SEMPRE IL MASCHILE SINGOLARE.

28 SCRIVI QUESTE FRASI NELLA TABELLA, COME NELL'ESEMPIO.

✓ CI È PIACIUTA LA VISITA IN BIBLIOTECA.

A MIA MAMMA SONO PIACIUTI I PASTICCINI.

NON MI È PIACIUTO IL COMPORTAMENTO DI MATTEO.

TI SONO PIACIUTE LE CARTOLINE CHE TI HO SPEDITO?

	MASCHILE	FEMMINILE
SINGOLARE		CI È PIACIUTA LA VISITA IN BIBLIOTECA.
PLURALE		

29 COMPLETA LE FRASI CON IL PASSATO DEL VERBO **PIACERE**, COME NELL'ESEMPIO.

A. QUESTO FILM MI <u>È PIACIUTO</u> MOLTISSIMO!

B. AI BAMBINI _____ ASCOLTARE LA STORIA DI OMAR.

C. HO ASCOLTATO UNA CANZONE DI MINA, MI _____ TANTO.

D. GRAZIE PER I TUOI REGALI, CI _____ MOLTO.

E. HO CUCINATO LE LASAGNE PER GLI AMICI MA NON GLI _____.

F. COME È ANDATA LA TUA VACANZA A ROMA? TI _____?

G. GRAZIE PER LA SERATA, CI _____ USCIRE CON I TUOI AMICI.

13 ▸ LE PREPOSIZIONI E LE ESPRESSIONI DI LUOGO

LEGGI QUESTE FRASI.

> IO VIVO **IN** ITALIA **DA** 10 ANNI.

> IO ABITO **A** MILANO **CON** LA MIA FAMIGLIA.

IN, **DA**, **A**, **CON** SONO **PREPOSIZIONI**.

LE PREPOSIZIONI SERVONO A UNIRE DUE PAROLE.

METTIAMO LE PREPOSIZIONI DAVANTI AI NOMI E AI VERBI ALL'INFINITO.

LE PREPOSIZIONI SEMPLICI

| DI | A | DA | IN | CON | SU | PER | FRA / TRA |

IN QUESTA TABELLA PUOI VEDERE ALCUNI ESEMPI DI USO DELLE PREPOSIZIONI.

DI	INDICA "APPARTENENZA"	L'APPARTAMENTO **DI** GIULIA
	DI + ESPRESSIONI DI TEMPO	**DI** GIORNO, **DI** SERA, **DI** NOTTE, **DI** DOMENICA, **D'**ESTATE
A	**A** + CITTÀ	LAVORO **A** BOLOGNA.
	A + ALCUNI LUOGHI	**A** CASA, **A** SCUOLA, **A** TEATRO, **A** LETTO
	A + ALCUNE ESPRESSIONI	**A** DESTRA, **A** SINISTRA ANDARE A 50 KM/H, **A** PIEDI **A** CENA, **A** PRANZO, **A** COLAZIONE
	A + PERSONE O PRONOMI PERSONALI	**A** ME PIACE LEGGERE. TELEFONO **A** PAOLO.
DA	INDICA L'ORIGINE (LUOGO) O L'INIZIO (TEMPO)	SONO IN ITALIA **DA** DUE MESI. VADO **DA** MILANO A ROMA. VENGO **DA** LAGOS.

13 ▸ LE PREPOSIZIONI E LE ESPRESSIONI DI LUOGO

IN	INDICA "DENTRO"	LA TELEVISIONE È **IN** SOGGIORNO. L'INSEGNANTE È **IN** CLASSE.
	IN + NAZIONE O REGIONE	**IN** ITALIA, **IN** LOMBARDIA
	IN + ALCUNI LUOGHI	**IN** PALESTRA, **IN** PISCINA, **IN** BIBLIOTECA, **IN** EDICOLA, **IN** DISCOTECA, **IN** FARMACIA, **IN** VIA GARIBALDI
	IN + MEZZO DI TRASPORTO	**IN** TRENO, **IN** MACCHINA
CON	SIGNIFICA "INSIEME A"	ESCO **CON** LA MIA FAMIGLIA.
	CON + MEZZO DI TRASPORTO	PARTO **CON** IL TRENO DELLE 7:00. VADO **CON** LA MIA MACCHINA.
SU	INDICA LA POSIZIONE	IL CUSCINO È **SU** QUELLA SEDIA.
	INDICA IL TEMA	LA LEZIONE È **SU** LEONARDO DA VINCI.
PER	SIGNIFICA "PERCHÈ"	VADO ALL'ESTERO **PER** TROVARE UN BUON LAVORO.
	CON IL VERBO **PARTIRE** INDICA LA DESTINAZIONE	PARTO **PER** L'AUSTRALIA.
	INDICA LA DURATA DI UN'AZIONE	HO STUDIATO **PER** TRE ORE.
	PER + PERSONA	QUESTO REGALO È **PER** LUCIO.
TRA / FRA	**TRA / FRA** + ESPRESSIONE DI TEMPO, INDICA UN MOMENTO NEL FUTURO	TORNO **TRA / FRA** 10 MINUTI.
	TRA / FRA + DUE O PIÙ OGGETTI / PERSONE, SIGNIFICA "IN MEZZO A"	FIRENZE È **TRA / FRA** MILANO E ROMA.

LE PREPOSIZIONI ARTICOLATE

QUANDO LE PREPOSIZIONI SI UNISCONO AGLI ARTICOLI, FORMANO LE PREPOSIZIONI ARTICOLATE.

IO VADO **AL** PARCO.	PORTO I LIBRI **NELLO** ZAINO.
AL = A + IL	**NELLO** = IN + LO

13 ▸ LE PREPOSIZIONI E LE ESPRESSIONI DI LUOGO

1 DIVIDI LE PREPOSIZIONI DAGLI ARTICOLI, COME NELL'ESEMPIO E COMPLETA LA TABELLA.

A. DALLO: DA + LO
B. SUGLI: _____
C. NELLA: _____
D. DELLE: _____
E. ALL': _____

+	IL	LO	LA	L'	I	GLI	LE
A	AL	ALLO	ALLA	_____	AI	AGLI	ALLE
DA	DAL	_____	DALLA	DALL'	DAI	DAGLI	DALLE
DI	DEL	DELLO	DELLA	DELL'	DEI	DEGLI	_____
IN	NEL	NELLO	_____	NELL'	NEI	NEGLI	NELLE
SU	SUL	SULLO	SULLA	SULL'	SUI	_____	SULLE

2 LEGGI LA STORIA DI HEBA E <u>SOTTOLINEA</u> LE PREPOSIZIONI DI LUOGO (INDICANO **DOVE**) E LE PREPOSIZIONI DI TEMPO (INDICANO **QUANDO**). POI COMPLETA LA TABELLA, COME NELL'ESEMPIO.

> HEBA È NATA <u>A</u> CASABLANCA, IN MAROCCO, NEL 1987.
> È IN ITALIA DA 3 ANNI E HA TROVATO LAVORO IN UNA PIZZERIA IN CENTRO A MILANO.
> LAVORA TUTTI I GIORNI, DAL MARTEDÌ ALLA DOMENICA, DALLE 12.00 ALLE 22.00.
> IL LUNEDÌ È IL SUO GIORNO LIBERO E VA DA SARA, UNA SUA AMICA CHE HA CONOSCIUTO AL CORSO DI ITALIANO.
> LA MATTINA, PRIMA DI ANDARE AL LAVORO, VA AL PARCO CON IL SUO CANE.

PREPOSIZIONI DI LUOGO: **DOVE?**	PREPOSIZIONI DI TEMPO: **QUANDO?**
A CASABLANCA	

GRAMMATICA di BASE – con ESERCIZI

13 ▸ LE PREPOSIZIONI E LE ESPRESSIONI DI LUOGO

3 COMPLETA LE FRASI CON LE PREPOSIZIONI, COME NELL'ESEMPIO.

A. VADO ALL'UFFICIO POSTALE A PAGARE LE BOLLETTE.

B. VADO _____ STAZIONE A PRENDERE IL TRENO.

C. VADO IN FARMACIA _____ COMPRARE LE MEDICINE.

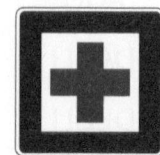  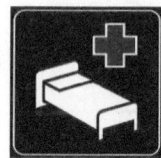

D. VADO _____ PRONTO SOCCORSO PERCHÉ MI SONO FATTO MALE.

E. CERCO UN PARCHEGGIO _____ PARCHEGGIARE L'AUTO.

F. VADO _____ OSPEDALE A FARE LE ANALISI DEL SANGUE.

4 COMPLETA LE FRASI CON LE PREPOSIZIONI, COME NELL'ESEMPIO.

A. DOMANI C'È LO SCIOPERO DELLA METROPOLITANA.
B. _____ CHE ORA PASSA L'AUTOBUS 54?
C. IL PRIMO MAGGIO È LA FESTA _____ LAVORATORI.
D. LE CHIAVI SONO _____ TAVOLO.
E. LA MACCHINA NON PARTE, OGGI VADO _____ MECCANICO.
F. LO ZAINO _____ LUCA È QUELLO ROSSO E NERO.
G. QUESTO È IL REGALO _____ LAURA: OGGI È IL SUO COMPLEANNO.
H. MARCO È UN INFERMIERE E LAVORA ANCHE _____ NOTTE.

✓ DELLA — SUL — DI — A — DI — DEI — DAL — PER — DI

5 COLLEGA LE PAROLE E FORMA DELLE FRASI, COME NELL'ESEMPIO.

A.	LA SERA GUARDO LA TV	IN	MARE
B.	MARIA LAVORA DA 4 ANNI	DA	SALOTTO
C.	DOMANI SERA SIAMO A CENA	A	PISCINA
D.	TUTTE LE SERE VADO A NUOTARE	IN	MERCATO
E.	IL MARTEDÌ COMPRO LA FRUTTA	AL	MILANO
F.	QUEST'ESTATE VADO IN VACANZA	AL	SARA

PAGINA 84

GRAMMATICA di BASE – con ESERCIZI

13 ▸ LE PREPOSIZIONI E LE ESPRESSIONI DI LUOGO

6 GUARDA L'AGENDA DI AMINA E SCRIVI CHE COSA FA QUESTA SETTIMANA, COME NELL'ESEMPIO.

LUNEDÌ	10:00/12:00 CORSO DI ITALIANO		18:00 DENTISTA
MARTEDÌ		13:00 PIZZERIA CON PAOLA	
MERCOLEDÌ	9:30 MERCATO		
GIOVEDÌ	9:30 /11:30 CORSO DI INFORMATICA		17:00 CASA DI SARA
VENERDÌ	10:30 QUESTURA		
SABATO			16:00/18:00 PISCINA
DOMENICA	10:00 PARCO		19:00 CINEMA

A. LUNEDÌ <u>AMINA DALLE 10:00 ALLE 12:00 VA AL CORSO DI ITALIANO.</u>
   ALLE 18:00…

B. MARTEDÌ _____

C. MERCOLEDÌ _____

D. GIOVEDÌ _____

E. VENERDÌ _____

F. SABATO _____

G. DOMENICA _____

13 ▸ LE PREPOSIZIONI E LE ESPRESSIONI DI LUOGO

LE ESPRESSIONI DI LUOGO

GUARDA LE IMMAGINI E LEGGI LE FRASI.

GIULIO È **A DESTRA** DELLA BICICLETTA.

GIULIO È **A SINISTRA** DELLA BICICLETTA.

ANILA È **DAVANTI** ALLA FERMATA.

ANILA È **DIETRO** ALLA FERMATA.

PIER È **VICINO** AL SEMAFORO.

PIER È **LONTANO** DAL SEMAFORO.

IL GATTO È **SOPRA** LA SEDIA.

IL GATTO È **SOTTO** LA SEDIA.

IL GATTO È **DENTRO** LA SCATOLA.

IL GATTO È **FUORI** DALLA SCATOLA.

LE PAROLE SOTTOLINEATE SONO ESPRESSIONI DI LUOGO E INDICANO DOVE SONO LE PERSONE, GLI ANIMALI E LE COSE.

ECCO ALTRE ESPRESSIONI DI LUOGO.

LA MACCHINA È **ALL'INIZIO** DELLA STRADA.

LA MACCHINA È **ALLA FINE** DELLA STRADA.

LA SCRIVANIA È **IN MEZZO** ALLA STANZA.

IL BAMBINO È **FRA / TRA** IL PADRE E LA MADRE.

IL DIVANO È **DI FRONTE** AL TELEVISORE.

LA DONNA È **DI FIANCO** AL RAGAZZO.

13 ▸ LE PREPOSIZIONI E LE ESPRESSIONI DI LUOGO

7 GUARDA LE IMMAGINI E COMPLETA LE FRASI CON LE ESPRESSIONI DI LUOGO, COME NELL'ESEMPIO.

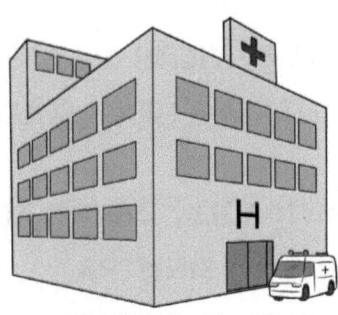

A. I COMPUTER SONO SOPRA IL TAVOLO.

B. L'AMBULANZA È _____ ALL'OSPEDALE.

C. LA LAMPADA È _____ AL DIVANO.

D. I PIATTI SONO _____ LA LAVASTOVIGLIE.

E. GIULIO È _____ DI PAOLA.

F. CARMEN È _____ DI RICKY.

8 GUARDA L'IMMAGINE PER 10 SECONDI, POI COPRILA E RISPONDI ALLE DOMANDE, COME NELL'ESEMPIO.

A. DOV'È L'ORSACCHIOTTO? È DENTRO IL CESTINO.

B. DOVE SONO I LIBRI? _____

C. DOV'È IL LETTO? _____

D. DOV'È IL CESTINO? _____

E. DOV'È LA SCRIVANIA? _____

F. DOV'È IL COMODINO? _____

G. DOV'È LA SEDIA? _____

13 ▸ LE PREPOSIZIONI E LE ESPRESSIONI DI LUOGO

9 SOTTOLINEA LE PAROLE GIUSTE, COME NELL'ESEMPIO.

A. HO MESSO L'ANGURIA **SOTTO** / **SOPRA** LE UOVA E LE HO ROTTE.
B. I PIEDI SONO **LONTANI DALLA** / **VICINI ALLA** TESTA.
C. IN METROPOLITANA STAI ATTENTA E TIENI I SOLDI **DENTRO LA** / **FUORI DALLA** BORSA.
D. GLI OCCHIALI SONO **DAVANTI AGLI** / **DIETRO AGLI** OCCHI.
E. IN ITALIA SI GUIDA **A DESTRA** / **A SINISTRA**.
F. IL VASO DI FIORI È **SUL** / **SOTTO AL** TAVOLO

10 GUARDA LE IMMAGINI, LEGGI LE RISPOSTE E SCRIVI LE DOMANDE CON L'ESPRESSIONE DI LUOGO, COME NELL'ESEMPIO.

| ✓ DAVANTI | TRA | DI FIANCO ALLA | DI FRONTE |
| DENTRO | SOTTO | IN MEZZO ALLA | DIETRO |

A. COSA C'È DAVANTI ALLA CASA?
UN CANCELLO.

B. _____
UNA PIZZA.

C. _____
TANTI REGALI.

D. _____
IL SOLE.

E. _____
UN BICCHIERE.

F. _____
IL LAVANDINO.

G. _____
IL WATER.

H. _____
UNA FONTANA.

14 ▸ GLI AVVERBI

GLI AVVERBI DI FREQUENZA

COSA FA MALIK DURANTE LA SETTIMANA? GUARDA LA TABELLA E LEGGI LE FRASI.

LUNEDÌ	MARTEDÌ	MERCOLEDÌ	GIOVEDÌ	VENERDÌ	SABATO	DOMENICA
📺	📺	📺	📺	📺	📺	📺
🚲		🚲		🚲	🚲	
	☕		☕			
					🍦	

MALIK GUARDA **SEMPRE** LA TV.

VA **SPESSO** IN BICICLETTA.

QUALCHE VOLTA VA AL BAR A BERE IL CAFFÈ.

RARAMENTE MANGIA IL GELATO.

NON VA **MAI** IN DISCOTECA.

SEMPRE, SPESSO, QUALCHE VOLTA, RARAMENTE, MAI IN GRAMMATICA SI CHIAMANO **AVVERBI DI FREQUENZA**.
USIAMO GLI AVVERBI DI FREQUENZA PER DIRE OGNI QUANTO TEMPO FACCIAMO QUALCOSA.

ATTENZIONE!
CON **MAI** DOBBIAMO USARE **NON**.

14 ▸ GLI AVVERBI

1 SOTTOLINEA L'AVVERBIO GIUSTO, COME NELL'ESEMPIO.

A. I CUOCHI LAVORANO **RARAMENTE** / **SPESSO** DI DOMENICA.
B. I BAMBINI VANNO **SEMPRE** / **MAI** A SCUOLA DI MATTINA.
C. IN MONTAGNA IN INVERNO **NON NEVICA MAI** / **NEVICA SPESSO**.
D. LE SCUOLE **NON SONO MAI** / **SONO SEMPRE** APERTE DI DOMENICA.
E. IN ITALIA IN APRILE **PIOVE SPESSO** / **NON PIOVE MAI**.
F. **QUALCHE VOLTA** / **SPESSO** GLI ITALIANI BEVONO IL TÈ DI POMERIGGIO.
G. **QUALCHE VOLTA** / **MAI** I TRENI SONO IN RITARDO.

2 CHI FA QUESTE COSE? COLLEGA LE ATTIVITÀ CON IL LAVORATORE, COME NELL'ESEMPIO.

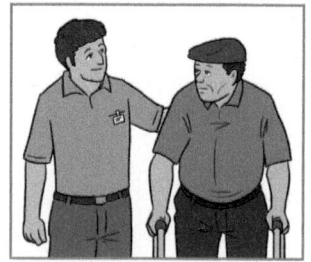

1. IL BADANTE

4. L'AUTISTA

5. IL CALCIATORE

2. IL MURATORE

A.	GUIDA SEMPRE.
B.	CONTROLLA SEMPRE IL MOTORE.
C.	AIUTA SEMPRE LE PERSONE ANZIANE.
D.	USA SPESSO L'ACQUA, LA SABBIA E IL CEMENTO.
E.	È SPESSO AL COMPUTER.
F.	QUALCHE VOLTA ROMPE I BICCHIERI E I PIATTI.
G.	CORRE E SI ALLENA SPESSO.

6. IL MECCANICO

3. IL CAMERIERE

7. LA SEGRETARIA

14 ▸ GLI AVVERBI

3 GUARDA LA TABELLA E SCRIVI COSA FA IVAN DAL LUNEDÌ AL VENERDÌ.
USA **MAI**, **RARAMENTE**, **QUALCHE VOLTA**, **SPESSO**, **SEMPRE**, COME NELL'ESEMPIO.

	LUNEDÌ	MARTEDÌ	MERCOLEDÌ	GIOVEDÌ	VENERDÌ
A. VA A LAVORARE IN BICICLETTA.	🚲	🚲	🚲	🚲	🚲
B. TORNA A CASA PER PRANZO.					
C. SI SVEGLIA ALLE 8:00 DI MATTINA.					⏰
D. CENA CON LA SUA FAMIGLIA.	👪	👪	👪		👪
E. TELEFONA A SUA MOGLIE NELLA PAUSA PRANZO.		📱	📱		
F. PRENDE UN CAFFÈ CON I COLLEGHI.					☕
G. STUDIA ITALIANO CON SUA MOGLIE.		📓			📓

A. VA <u>SEMPRE</u> A LAVORARE IN BICICLETTA.
B. ____ TORNA _____ A CASA PER PRANZO.
C. SI SVEGLIA _____ ALLE 8:00 DI MATTINA.
D. CENA _____ CON LA SUA FAMIGLIA.
E. _____ TELEFONA A SUA MOGLIE NELLA PAUSA PRANZO.
F. PRENDE _____ UN CAFFÈ CON I COLLEGHI.
G. _____ STUDIA ITALIANO CON SUA MOGLIE.

SCRIVI COSA FAI TU DAL LUNEDÌ AL VENERDÌ.

_____
_____
_____

14 ▸ GLI AVVERBI

GLI AVVERBI DI QUANTITÀ

LEGGI QUESTE FRASI.

> FRANCA È SEMPRE **MOLTO** STANCA PERCHÉ LAVORA **TROPPO**.

> STO **ABBASTANZA** BENE.

LE PAROLE <u>SOTTOLINEATE</u> IN GRAMMATICA SI CHIAMANO **AVVERBI DI QUANTITÀ**. GUARDA LA LISTA.

| NIENTE | POCO | ABBASTANZA | MOLTO | TROPPO |

ATTENZIONE!

CON **NIENTE** DOBBIAMO USARE **NON**.

> LUIGI **NON** MANGIA **NIENTE** PERCHÉ SI SENTE MALE.

4 SCRIVI L'AVVERBIO GIUSTO, COME NELL'ESEMPIO.

A. HO MANGIATO <u>ABBASTANZA</u>. NON PRENDO ALTRO, GRAZIE.
B. HO DORMITO _____, HO ANCORA SONNO.
C. HO MANGIATO _____, ADESSO HO MAL DI PANCIA.
D. NON HO SUPERATO L'ESAME DI MATEMATICA PERCHÈ NON HO CAPITO _____.
E. OGGI SONO _____ FELICE PERCHÉ SONO IN VACANZA.

NIENTE
MOLTO
POCO
TROPPO
✓ ABBASTANZA

5 <u>SOTTOLINEA</u> L'AVVERBIO GIUSTO, COME NELL'ESEMPIO.

A. LEO HA SEMPRE UN LIBRO IN MANO. GLI PIACE **MOLTO** / **POCO** LEGGERE.
B. ANNA PRENDE SEMPRE BRUTTI VOTI A SCUOLA PERCHÉ STUDIA **POCO** / **ABBASTANZA**.
C. OGGI HO LAVORATO **NIENTE** / **TROPPO**, ADESSO BASTA, TORNO A CASA A RIPOSARE.
D. AMO **ABBASTANZA** / **MOLTO** LA MUSICA, LA ASCOLTO SEMPRE PERCHÉ MI RENDE FELICE.
E. HO FAME E NON C'È **NIENTE** / **POCO** NEL FRIGORIFERO, DEVO USCIRE A FARE LA SPESA.
F. METTI TROPPO ZUCCHERO NEL CAFFÈ! UN CUCCHIAINO È **ABBASTANZA** / **NIENTE**.

▶ SOLUZIONI

1. L'ALFABETO
1. **1.** AEREO; **2.** LUNA; **3.** BANANA; **4.** RISO;
5. GATTO; **6.** DIVANO; **7.** NASO; **8.** VELO; **9.** OROLOGIO;
10. UOVO; **11.** CASA; **12.** ELEFANTE; **13.** ITALIA;
14. QUADRO; **15.** FIORE; **16.** PANE;
17. TAVOLO; **18.** MANO; **19.** SOLE; **20.** ZAINO
3. VISO → VASO; ZUPPA → ZAPPA; SALE → SOLE;
VELA → VELO; SUCCO → SACCO; LANA → LUNA

2. I NOMI
1. ♂ FRANCESCO, ALBERTO, PIERO, GIORGIO;
♀ SOFIA, MARIA, PAOLA, DANIELA, ANTONELLA
2. ♂ TAVOLO, APPARTAMENTO, TELEFONO, GATTO, ALBERO; ♀ BOTTIGLIA, CASA, BICICLETTA, MATITA, ROSA
3. ♂ AEREO, CANE, CELLULARE, DIVANO, FIORE, LIBRO, LIMONE, OMBRELLO, PANE, QUADRO, TAVOLO, UOMO;
♀ ARANCIA, BANANA, BICICLETTA, CHIAVE, GOMMA, GONNA, MELA, PENNA, RAGAZZA, STAZIONE
4. BORSE, APPARTAMENTI, CASE, BICICLETTE, CLASSI, GATTI, STAZIONI, PANI, TELEFONI, ELEFANTI
5. ELEFANTI, FRATELLO, GOMME, INSEGNANTE, LUCI, MARITO, NOMI, NONNA, ORE, PIATTO, QUADERNI, STUDENTESSA
6. **MASCHILE SINGOLARE:** BAMBINO, COMUNE, TELEFONO; **MASCHILE PLURALE:** COGNOMI, FRATELLI, GATTI; **FEMMINILE SINGOLARE:** ESTATE, FRAGOLA, MATTINA; **FEMMINILE PLURALE:** MAESTRE, PORTE, STAZIONI
7. **MASCHILE SINGOLARE:** MESE, PADRE, PAESE;
FEMMINILE SINGOLARE: LEGGE, MOGLIE, PELLE;
FEMMINILE PLURALE: CASE, DONNE, PERSONE

3. GLI ARTICOLI
1. **IL** LIBRO
2. **LA** PENNA
3. **1.** IL; **2.** I; **3.** L'; **4.** LE; **5.** GLI; **6.** LA; **7.** L'; **8.** LO
4. **L'**AMICA, **IL** POMODORO, **GLI** STUDENTI, **I** BAMBINI, **L'**INSEGNANTE, **GLI** ARMADI, **LE** SORELLE, **I** CAPELLI, **L'**OCCHIO, **LO** SPECCHIO
5. **A.** GLI; **B.** GLI; **C.** L'; **D.** L'; **E.** I; **F.** LA, I; **G.** IL, LA; **H.** LO
6. **LE** PIAZZE, **L'**ISOLA, **LE** FAMIGLIE, **GLI** STRANIERI, **GLI** ALBERI, **IL** LIBRO, **LO** SPAZZOLINO, **L'**OROLOGIO, **LE** STRADE, **I** PARCHI
7. **A.** L'ASTUCCIO; **B.** LO SPORT; **C.** LO YOGURT; **D.** GLI ESERCIZI; **E.** GLI ZII; **F.** LE MATITE; **G.** GLI STIVALI; **H.** L'AUTOBUS.
8. *SOLUZIONE POSSIBILE* > **UN:** OROLOGIO, QUADRO, LETTO, CUSCINO, ARMADIO, OMBRELLO, CANE, LIBRO, GELATO; **UNO:** ZAINO, SPECCHIO; **UNA:** PALLA, GONNA, GOMMA, MACCHINA, SEDIA, SCIARPA, FORCHETTA, MENSOLA, GIACCA
9. **A.** UNA; **B.** UN, UNA; **C.** UN', UN; **D.** UNO; **E.** UNA, UN; **F.** UN'; **G.** UN; **H.** UNO; **I.** UN; **L.** UN, UN'
10. **UN:** ALBERGO, QUADERNO, NEGOZIO, UOMO, CELLULARE, BIGLIETTO, BICCHIERE, LETTO, PANINO;
UNO: STRANIERO, YOGURT, SPORT, STADIO, STUDIO;
UNA: STRADA, FOTOGRAFIA, RAGAZZA, CAMICIA, PORTA, GONNA; **UN':** ORA, AMICA, INSALATA, IMMAGINE.

4. GLI AGGETTIVI
1. A/5; B/1; C/2; D/3; E/4
2. A/3; B/7; C/6; D/1; E/4; F/2; G/5
3. **A.** FREDDO; **B.** VUOTO; **C.** FELICI; **D.** VELOCE; **E.** LUNGHI; **F.** GIOVANE
5. **A.** LE PORTE SONO CHIUSE, **B.** LE CASE SONO GRANDI; **C.** LE MAGLIETTE SONO STRETTE; **D.** I TAVOLI SONO SPORCHI; **E.** I FILM SONO DIVERTENTI; **F.** GLI INSEGNANTI SONO STANCHI; **G.** LE LUCI SONO ACCESE
6. **A.** PICCOLO; **B.** VELOCE; **C.** STRETTO; **D.** ANZIANO; **E.** SPORCO
7. SIMPATICO, SOCIEVOLE, EGOISTA, GENEROSO, ALLEGRO, TIMIDO, SINCERO, FELICE, ATTIVO
8. **A.** SENSIBILE; **B.** LUNGHI; **C.** ARRABBIATO; **D.** PREOCCUPATA; **E.** SIMPATICA; **F.** GIOVANE; **G.** MALEDUCATO; **H.** GENEROSO
9. ALT**O** ROBUST**O**, NER**I**, CORT**I**, VERD**I**, GRAND**I**, PICCOL**O**, SOCIEVOL**E**, CREATIV**O**, EDUCAT**O**, ELEGANT**E**, BASS**A**, BIOND**A**, RICC**I**A, ROTOND**O**, PICCOL**I**, AZZURR**I**, MAGR**A**, ATLETIC**A**, SPORTIV**A**, ATTIV**A**
10. MIO, SUO, NOSTRI
11. **A.** NOSTRI; **B.** MIA; **C.** SUA; **D.** SUO; **E.** SUO; **F.** LORO; **G.** NOSTRO
12. *SOLUZIONE POSSIBILE* > **GIULIA:** IL MIO CAPPELLO, LA MIA MAGLIETTA, LA MIA CANOTTIERA, LA MIA GONNA, LA MIA BORSA, LA MIA CAMICETTA, IL MIO REGGISENO, LE MIE CALZE, LE MIE SCARPE. **LUIS:** IL SUO GIUBBOTTO, I SUOI STIVALI, LE SUE MUTANDE, IL SUO PIGIAMA, I SUOI CALZINI, IL SUO CAPPOTTO, I SUOI PANTALONI, LA SUA SCIARPA, LA SUA CINTURA, LA SUA CAMICIA, LA SUA CRAVATTA, IL SUO MAGLIONE, LA SUA GIACCA
13. MIA, MIO, MIEI, MIA, MIA, MIO, MIA, MIA, MIO
14. TUE, TUO, TUO, TUOI
15. NOSTRA, MIA, SUO, NOSTRA, NOSTRE, NOSTRI, NOSTRI, NOSTRI, MIA, SUA, SUOI, SUOI, MIE, MIA, MIEI, MIO
16. **QUESTO** INDICA LE PERSONE O GLI OGGETTI **VICINI**; **QUELLO** INDICA LE PERSONE O GLI OGGETTI **LONTANI**
17. **QUESTO** RAGAZZO, **QUESTI** RAGAZZI, **QUESTA** RAGAZZA, **QUESTE** RAGAZZE
18. **A.** QUESTO BAMBINO, QUEL BAMBINO;
B. QUESTI LIMONI, QUEI LIMONI; **C.** QUESTI CANI, QUEI CANI; **D.** QUESTA MELA, QUELLA MELA; **E.** QUESTA FABBRICA, QUELLA FABBRICA; **F.** QUESTI OROLOGI, QUEGLI OROLOGI; **G.** QUESTO BIGLIETTO, QUEL BIGLIETTO; **H.** QUESTO ZAINO, QUELLO ZAINO;

▶ SOLUZIONI

I. QUESTE GONNE, QUELLE GONNE; **L.** QUESTO / QUEST'UOMO, QUELL'UOMO
19. **A.** CASA; **B.** COLORE; **C.** TORTA; **D.** OCCHIO; **E.** SPAZZOLINO; **F.** DOTTORI; **G.** OCCHIALI; **H.** RAGAZZE
20. **A.** COME; **B.** PIÙ… DI; **C.** PIÙ… DI; **D.** MENO… DI; **E.** PIÙ… DI; **F.** MENO… DI
21. **A.** L'ELEFANTE È MENO ALTO DELLA GIRAFFA; **B.** L'ESTATE È MENO FREDDA DELL'INVERNO; **C.** LA CAMICIA È PIÙ ELEGANTE DELLA MAGLIETTA; **D.** LA FRUTTA È PIÙ SANA DEL GELATO; **E.** L'ORO È PIÙ COSTOSO DELLA PLASTICA; **F.** IL TRENO È MENO VELOCE DELL'AEREO; **G.** IL NERO È PIÙ SCURO DEL GRIGIO; **H.** IL SUPERMERCATO È MENO GRANDE DEL CENTRO COMMERCIALE; **I.** GIOCARE È MENO FATICOSO CHE LAVORARE

5. I NUMERI
1. **5** CINQUE; **9** NOVE; **15** QUINDICI; **18** DICIOTTO; **29** VENTINOVE; **40** QUARANTA; **90** NOVANTA; **101** CENTOUNO; **1000** MILLE
2. **A.** QUATTRO; **B.** DIECI; **C.** QUARANTASETTE; **D.** NOVE; **E.** VENTINOVE; **F.** SEI; **G.** DICIASSETTE;
3. **A.** SECONDO; **B.** TERZO; **C.** PRIMO; **D.** DECIMO; **E.** PRIMA; **F.** QUINDICESIMO; **G.** SETTIMO; **H.** PRIMO

6. GLI INTERROGATIVI
1. A MARSIGLIA, IN FRANCIA; PER VEDERE I NOSTRI ZII; IN TRENO; 6 ORE, FORSE; MOLTE VALIGIE E BORSE E ANCHE UN REGALO PER GLI ZII; IL 20 AGOSTO
2. **A.** COME, QUANTI, QUALE, QUANTA, QUANTO; **B.** CHE COSA, QUANTO, QUANTE
3. **A.** CHE COSA C'È SULLA MONETA DA UN EURO?; **B.** CHI È LEONARDO DA VINCI?; **C.** DOV'È NATO? **D.** DOVE HA LAVORATO?; **E.** QUAL È IL SUO QUADRO PIÙ FAMOSO?; **F.** QUANDO È MORTO?

7. I PRONOMI PERSONALI
1. **A.** 7; **B.** NO; **C.** 4; **D.** 3
2. LEI
3. LORO; ANTONIA E MARIO SONO RUMENI, LORO VIVONO IN ITALIA DA 5 ANNI, LORO ABITANO A MILANO
4. LUI; MIO PAPÀ È IN PENSIONE, LUI HA 78 ANNI, LUI AMA LEGGERE

8. IL VERBO ESSERE
1. **A.** 2; **B.** 3; **C.** 1; **D.** 5; **E.** 5; **F.** 4; **G.** 6; **H.** 7
2. IO **SONO**, TU **SEI**, LUI /LEI È, NOI **SIAMO**, VOI **SIETE**, LORO **SONO**
3. **A.** NOI; **B.** LORO; **C.** LEI; **D.** VOI; **E.** TU; **F.** IO
4. **A.** SONO; **B.** SEI, SONO; **C.** SIETE; **D.** SONO; **E.** È; **F.** SIETE; **G.** SIAMO; **H.** SEI, SONO
5. A/5; B/6; C/8; D/7; E/3; F/4; G/2; H/1
6. USIAMO **C'È** CON PAROLE AL **SINGOLARE**. USIAMO **CI SONO** CON PAROLE AL **PLURALE**
7. **A.** CI SONO; **B.** C'È; **C.** CI SONO; **D.** CI SONO; **E.** C'È; **F.** C'È
9. **A.** SÌ, C'È UNA BANCA; **B.** NO, C'È UN BAR; **C.** NO, C'È UN CINEMA; **D.** SÌ, C'È UNA FARMACIA; **E.** NO, C'È UNA BIBLIOTECA; **F.** NO, NON C'È UN FIORAIO; **G.** NO, NON C'È UNA STAZIONE DEI TRENI.
10. C'È (V); CI SONO (E); C'È (N); C'È (E); CI SONO (Z); CI SONO (I); C'È (A). IL NOME DI QUESTA CITTÀ È **VENEZIA**

9. IL VERBO AVERE
1. A/4; B/3; C/2; D/4; E/1; F/4; G/1
2. IO **HO**, TU **HAI**, LUI / LEI **HA**, NOI **ABBIAMO**, VOI **AVETE**, LORO **HANNO**
3. **A.** VOI; **B.** LUI / LEI; **C.** NOI; **D.** LORO; **E.** TU; **F.** IO; **G.** VOI; **H.** TU
4. **A.** AVETE; **B.** HA; **C.** ABBIAMO; **D.** AVETE; **E.** HO; **F.** HANNO; **G.** HO; **H.** HANNO; **I.** HAI. **L.** HA
5. HO, HO, HANNO, HO, HA, HANNO, ABBIAMO, ABBIAMO
6. **A.** HO; **B.** È; **C.** SONO; **D.** SONO, HO; **E.** SONO; **F.** HAI; **G.** È; **H.** È, HO
7. **A.** È, HA, È, HA, È; **B.** È, È, HA, È, È, HA; **C.** È, HA, HA, HA

10. LA NEGAZIONE
1. **A.** NO, ELISA NON È UN UOMO; **B.** SÌ, ELISA È ADULTA; **C.** SÌ, ELISA HA GLI OCCHIALI; **D.** NO, ELISA NON HA I CAPELLI LUNGHI; **F.** NO, OMAR NON È UNA DONNA; **G.** NO, OMAR NON È UN BAMBINO; **H.** SÌ, OMAR HA LA BARBA; **I.** SÌ, OMAR HA I CAPELLI CORTI
2. **A.** IO NON SONO PAUL; **B.** NOI NON ABBIAMO 63 ANNI; **C.** LEI NON È EGIZIANA; **D.** TU NON HAI UNA CASA GRANDE; **E.** VOI NON SIETE FILIPPINI; **F.** INES E ALBERTO NON HANNO FIGLI

11. I VERBI: IL PRESENTE
1. ASPETTARE; PRENDERE, APRIRE
3. **ASPETTARE:** IO ASPETT**O**, TU ASPETT**I**, LUI / LEI ASPETT**A**, NOI ASPETT**IAMO**, VOI ASPETT**ATE**, LORO ASPETT**ANO**; **PRENDERE:** IO PREND**O**, TU PREND**I**, LUI / LEI PREND**E**, NOI PREND**IAMO**, VOI PREND**ETE**, LORO PREND**ONO**; **APRIRE:** IO APR**O**, TU APR**I**, LUI / LEI APR**E**, NOI APR**IAMO**, VOI APR**ITE**, LORO APR**ONO**
4. **A.** MANGIO; **B.** LAVORATE; **C.** AMIAMO; **D.** ABITA; **E.** PARLANO; **F.** STUDIANO; **G.** CUCINA; **H.** TORNA
5. **A.** METTI; **B.** PRENDONO; **C.** VENDONO; **D.** SPENDI; **E.** STENDE; **F.** CHIEDO; **G.** CORRO; **H.** VIVIAMO
6. **A.** I FIGLI DI ZAHRA DORMONO IN SOGGIORNO; **B.** IO E JEWEL APRIAMO LE FINESTRE DELLE CAMERE DA LETTO; **C.** TU QUANDO PARTI PER ROMA?; **D.** LUCA SERVE AI TAVOLI DEL RISTORANTE; **E.** IO SENTO LA RADIO IN CUCINA; **F.** GLI STUDENTI OFFRONO IL CAFFÈ ALL'INSEGNANTE
7. SOLUZIONE POSSIBILE > **A.** TELEFONARE, TELEFONA; **B.** LEGGERE, LEGGETE; **C.** SCRIVERE, SCRIVI; **D.** CHIUDERE / APRIRE, CHIUDO/APRO; **E.** ASCOLTARE, ASCOLTIAMO; **F.** LAVARE, LAVANO;
8. **PULIRE:** IO **PULISCO**, TU **PULISCI**, LUI/ LEI **PULISCE**, NOI **PULIAMO**, VOI **PULITE**, LORO **PULISCONO**;

SOLUZIONI

CAPIRE: IO **CAPISCO**, TU **CAPISCI**, LUI / LEI **CAPISCE**, NOI **CAPIAMO**, VOI **CAPITE**, LORO **CAPISCONO**;
SPEDIRE: IO **SPEDISCO**, TU **SPEDISCI**, LUI / LEI **SPEDISCE**, NOI **SPEDIAMO**, VOI **SPEDITE**, LORO **SPEDISCONO**
9. **A.** SPEDISCONO; **B.** CAPISCO; **C.** PREFERISCI; **D.** PULISCE; **E.** FINISCE; **F.** RESTITUIAMO; **G.** COSTRUISCONO
10. **A.** ANDIAMO; **B.** DAI; **C.** FATE; **D.** FACCIAMO; **E.** VADO, STO; **F.** STANNO; **G.** DÀ
11. **A.** FA; **B.** VANNO; **C.** STA; **D.** DAI
12. **A.** IO; **B.** TU E CARLO; **C.** TU; **D.** IO; **E.** GLI STUDENTI; **F.** VOI; **G.** PAOLA: **H.** LA MAESTRA
13. **A.** COSA BEVI A COLAZIONE?; **B.** SAI A CHE ORA PARTE IL TRENO PER NAPOLI?; **C.** COSA BEVONO A MERENDA?; **D.** DOVE TENETE I VOSTRI DOCUMENTI?; **E.** SAPETE USARE BENE IL COMPUTER?; **F.** COSA SCEGLI TRA LA PIZZA E LE LASAGNE?
14. **A.** SALI; **B.** VIENI; **C.** VENGO; **D.** USCITE; **E.** SALGONO; **F.** DICIAMO; **G.** DICI; **H.** ESCI
15. *SOLUZIONE POSSIBILE* > **A.** VENIAMO ALLE TRE; **B.** ESCO ALLE...; **C.** SÌ, VENGO VOLENTIERI; **D.** SALGO ALLA FERMATA...; **E.** DICO: "NON HO CAPITO"; **F.** NOI SALIAMO A PIEDI; **G.** NOI DICIAMO: "PRONTO"; **H.** NOI USCIAMO ALLE...
16. **VERTICALE: 1.** PULISCI, **2.** VENGO, **4.** VENGONO, **5.** VADO, **7.** VAI, **10.** STO, **12.** ESCE; **ORIZZONTALE: 3.** BEVIAMO, **6.** SANNO, **8.** DIAMO, **9.** DICO, **10.** SO, **11.** SCELGO, **13.** FATE
17. USIAMO **PIACE** CON I NOMI AL SINGOLARE E I VERBI. USIAMO **PIACCIONO** CON I NOMI AL PLURALE.
18. A/2; B/1; C/3, 6; D/7; E/4; F/5; G/6, 3
20. **LAVARSI:** IO **MI LAVO**, TU **TI LAVI**, LUI / LEI **SI LAVA**, NOI **CI LAVIAMO**, VOI **VI LAVATE**, LORO **SI LAVANO**; **METTERSI:** IO **MI METTO**, TU **TI METTI**, LUI / LEI **SI METTE**, NOI **CI METTIAMO**, VOI **VI METTETE**, LORO **SI METTONO**; **VESTIRSI:** IO **MI VESTO**, TU **TI VESTI**, LUI / LEI **SI VESTE**, NOI **CI VESTIAMO**, VOI **VI VESTITE**, LORO **SI VESTONO**
21. **A.** MI; **B.** SI; **C.** CI; **D.** MI; **E.** TI; **F.** MI, TI
22. STAI, CI VEDIAMO, TI METTI, MI METTO, CI INCONTRIAMO, MI FACCIO, CI DIVERTIAMO
23. **DOVERE:** IO **DEVO**, TU **DEVI**, LUI / LEI **DEVE**, NOI **DOBBIAMO**, VOI **DOVETE**, LORO **DEVONO**; **POTERE:** IO **POSSO**, TU **PUOI**, LUI / LEI **PUÒ**, NOI **POSSIAMO**, VOI **POTETE**, LORO **POSSONO**; **VOLERE:** IO **VOGLIO**, TU **VUOI**, LUI / LEI **VUOLE**, NOI **VOGLIAMO**, VOI **VOLETE**, LORO **VOGLIONO**.
24. **A.** DOBBIAMO; **B.** DEVE; **C.** DEVO; **D.** DEVI; **E.** DEVONO; **F.** DOVETE; **G.** DEVI; **H.** DEVE
25. **A.** VOGLIO; **B.** VOGLIONO; **C.** VUOI; **D.** VOGLIAMO; **E.** VOGLIO; **F.** VUOLE; **G.** VOLETE; **H.** VOGLIAMO
26. **A.** PUOI; **B.** POSSIAMO; **C.** POSSONO; **D.** POTETE; **E.** PUÒ **F.** PUÒ; **G.** POSSIAMO; **H.** POSSO
27. **A.** POSSONO; **B.** DOVETE; **C.** VOGLIO; **D.** DEVONO; **E.** VOGLIAMO; **F.** PUÒ; **G.** DEVO
28. **CONOSCERE:** IO **CONOSCO**, TU **CONOSCI**, LUI / LEI **CONOSCE**, NOI **CONOSCIAMO**, VOI **CONOSCETE**, LORO **CONOSCONO**; **SAPERE:** IO **SO**, TU **SAI**, LUI / LEI **SA**, NOI **SAPPIAMO**, VOI **SAPETE**, LORO **SANNO**.
29. **A.** CHI; **B.** CHE COSA; **C.** COME; **D.** DOVE; **E.** PERCHÉ; **F.** QUANTO; **G.** QUALE; **H.** QUAL
30. SCIARE, GUIDARE, CUCINARE. I VERBI DOPO **SAPERE** SONO TUTTI **ALL'INFINITO**.
31. PAOLA, MIO MARITO, L'INDIRIZZO. DOPO **CONOSCERE** TROVIAMO SEMPRE IL **NOME** DI UNA PERSONA O DI UNA COSA.
32. **A.** CONOSCONO; **B.** SANNO; **C.** SANNO; **D.** CONOSCE; **E.** SA; **F.** CONOSCE
34. **A.** SA; **B.** SAI; **C.** CONOSCONO; **D.** SO; **E.** SANNO; **F.** CONOSCETE; **G.** SA

12. IL PASSATO PROSSIMO
1. AVERE; ESSERE
2. ESSERE; AVERE; PARTICIPIO PASSATO
3. **A.** USATO (-ATO); **B.** PULITO (-ITO); **C.** CANTATO (-ATO); **D.** RICEVUTO (-UTO); **E.** USCITO (-ITO); **F.** MANDATO (-ATO); **G.** POTUTO (-UTO); **H.** CUCITO (-ITO); **I.** CAMMINATO (-ATO); **L.** SAPUTO (-UTO)
4. **A.** DOVERE; **B.** SPEDIRE; **C.** GIOCARE; **D.** AVERE; **E.** AMARE; **F.** PIACERE; **G.** TROVARE; **H.** DORMIRE; **I.** CONOSCERE
5. **A.** HA TROVATO, HA PAGATO; TROVARE, PAGARE; **B.** ABBIAMO MANGIATO, ABBIAMO AVUTO; MANGIARE, AVERE; **C.** È PARTITO, HO SENTITO; PARTIRE, SENTIRE; **D.** HA SPEDITO, HA TELEFONATO; SPEDIRE, TELEFONARE
6. BERE/**BEVUTO**; DIRE/**DETTO**; FARE/**FATTO**; NASCERE/**NATO**; RISPONDERE/**RISPOSTO**; SCEGLIERE/**SCELTO**; VEDERE/**VISTO**
7. **VERTICALE: 1.** MESSO; **2.** DETTO; **4.** SPEDITO; **6.** LETTO; **7.** CHIUSO; **8.** NATO; **10.** MORTO; **11.** FATTO; **13.** STATO; **ORIZZONTALE: 3.** RISPOSTO; **5.** BEVUTO; **7.** CHIESTO; **9.** DORMITO; **12.** AVUTO; **14.** SCRITTO
8. I VERBI SOTTOLINEATI SONO TUTTI AL TEMPO **PASSATO PROSSIMO**. DUE HANNO COME AUSILIARE IL VERBO **AVERE** (**HO INCONTRATO, ABBIAMO COMPRATO**) E DUE HANNO COME AUSILIARE IL VERBO **ESSERE** (**È PARTITO, SIETE USCITI**).
9. CON LA LETTERA **-O**.
10. **INCONTRARE:** IO **HO INCONTRATO**, TU **HAI INCONTRATO**, LUI / LEI **HA INCONTRATO**, NOI **ABBIAMO INCONTRATO**, VOI **AVETE INCONTRATO**, LORO **HANNO INCONTRATO**; **RICEVERE:** IO **HO RICEVUTO**, TU **HAI RICEVUTO**, LUI / LEI **HA RICEVUTO**, NOI **ABBIAMO RICEVUTO**, VOI **AVETE RICEVUTO**, LORO **HANNO RICEVUTO**; **CAPIRE:** IO **HO CAPITO**, TU **HAI CAPITO**, LUI / LEI **HA CAPITO**, NOI **ABBIAMO CAPITO**, VOI **AVETE CAPITE**, LORO **HANNO CAPITO**
11. **A.** HO COMPRATO; **B.** HO GIOCATO; **C.** HAI SAPUTO; **D.** ABBIAMO SCELTO; **E.** HO FINITO; **F.** HA TROVATO; **G.** AVETE STUDIATO; **H.** HANNO PERSO
12. **A.** HA PREMUTO, HA TROVATO; **B.** HA SPIEGATO; HO DORMITO; HO SENTITO; **C.** HANNO SEGUITO; HANNO PREPARATO; **D.** HANNO GUARDATO; ABBIAMO POTUTO; **E.** HA CAPITO; HA VENDUTO; **F.** HA DATO; HA ROTTO;

SOLUZIONI

G. HO LETTO; HO RISPOSTO
13. *SOLUZIONE POSSIBILE* > **A.** HO PERSO; **B.** HANNO MANGIATO; **C.** HA VISTO; **D.** HA PULITO; **E.** HA FATTO; **F.** ABBIAMO CONOSCIUTO; **G.** AVETE SENTITO; **H.** HA REGALATO
14. **A.** ESSERE (M); **B.** AVERE; **C.** ESSERE (C); **D.** AVERE; **E.** AVERE; **F.** ESSERE (R); **G.** ESSERE (C); **H.** AVERE; **I.** ESSERE (R); **L.** ESSERE (M)
16. 1/C; 2/A; 3/B; 4/D
17. IL PARTICIPIO PASSATO DEI VERBI CON AUSILIARE **ESSERE** SEGUE IL GENERE DELLA PERSONA, CIOÈ MASCHILE O **FEMMINILE**, E IL NUMERO, CIOÈ **SINGOLARE** O PLURALE.
18. MASCHILE: IO **SONO USCITO**, TU **SEI USCITO**, LUI È **USCITO**, NOI **SIAMO USCITI**, VOI **SIETE USCITI**, LORO **SONO USCITI**; FEMMINILE: IO **SONO USCITA**, TU **SEI USCITA**, LEI **È USCITA**, NOI **SIAMO USCITE**, VOI **SIETE USCITE**, LORO **SONO USCITE**
19. 1/B; 2/D; 3/A; 4/C; 5/F; 6/E
20. LEI È USCITA, GIULIA E SARA SONO INGRASSATE, NOI CI SIAMO ARRABBIATE, LEI SI È AMMALATA, TU TI SEI SPOSATA, IO MI SONO LAVATO, LORO SONO SCIVOLATE, LEI È VENUTA
21. *SOLUZIONE POSSIBILE* > **A.** HA LETTO UN LIBRO; **B.** HA FATTO UNA PASSEGGIATA; **C.** HA GIOCATO A PALLAVOLO; **D.** HA PESCATO; **E.** È ANDATO IN BICICLETTA; **F.** HA CURATO LE PIANTE
22. **A.** STATA; **B.** ANDATE; **C.** GUARITE/-I; **D.** SALITO; **E.** SCESI; **F.** NATA
23. HO SCRITTO, SONO STATA, È ARRIVATA, È RIMASTA, È STATO, ABBIAMO FATTO, SIAMO STATE, SIAMO ANDATE, ABBIAMO CENATO, ABBIAMO CHIACCHIERATO, È PARTITA.
24. **A.** I MURATORI SI SONO STANCATI MOLTO; **B.** IL GATTO SI È ADDORMENTATO SUL LETTO; **C.** TU TI SEI VESTITO ELEGANTE PER LA FESTA; **D.** IO MI SONO FATTO MALE AL LAVORO; **E.** VOI VI SIETE ANNOIATI AL CINEMA; **F.** NOI CI SIAMO INCONTRATE AL RISTORANTE
25. **A.** HA BATTUTO, HA VINTO – DATA: 9 LUGLIO 2006; **B.** HANNO SCONFITTO, È FINITA – DATA: 25 APRILE 1945; **C.** HANNO SCELTO; HANNO VOTATO – 2 GIUGNO 1946; **D.** HANNO PRESO, HANNO CREATO – DATA: 7 GENNAIO 1797; **E.** HA TRASMESSO, È DURATO – DATA: 6 OTTOBRE 1924.
27. È STATA (ESSERE), MI SONO SVEGLIATA (SVEGLIARSI), HO SENTITO (SENTIRE), SONO ANDATA (ANDARE), SONO CADUTA (CADERE), HO TELEFONATO (TELEFONARE), SIAMO ANDATE (ANDARE), HA VISITATO (VISITARE), HA DETTO (DIRE), SI È ROTTA (ROMPERSI), HA MESSO (METTERE)
28. **MASCHILE / SINGOLARE:** NON MI È PIACIUTO IL COMPORTAMENTO DI MATTEO; **MASCHILE / PLURALE:** A MIA MAMMA SONO PIACIUTI I PASTICCINI; **FEMMINILE SINGOLARE:** CI È PIACIUTA LA VISITA IN BIBLIOTECA; **FEMMINILE PLURALE:** TI SONO PIACIUTE LE CARTOLINE CHE TI HO SPEDITO?
29. **A.** È PIACIUTO; **B.** È PIACIUTO; **C.** È PIACIUTA; **D.** SONO PIACIUTI; **E.** SONO PIACIUTE; **F.** È PIACIUTA; **G.** È PIACIUTO

13. LE PREPOSIZIONI E LE ESPRESSIONI DI LUOGO

1. **A.** DA+LO; **B.** SU+GLI; **C.** IN+LA; **D.** DI+LE; **E.** A+L'.
2. **PREPOSIZIONI DI LUOGO: DOVE?** A CASABLANCA, IN MAROCCO, IN ITALIA, IN UNA PIZZERIA, IN CENTRO, A MILANO, DA SARA, AL CORSO, AL LAVORO, AL PARCO; **PREPOSIZIONI DI TEMPO: QUANDO?** NEL 1987, DA 3 ANNI, DAL MARTEDÌ ALLA DOMENICA, DALLE 12.00 ALLE 22.00
3. **A.** ALL'; **B.** IN/ALLA; **C.** A; **D.** AL; **E.** PER; **F.** IN/ALL'
4. **A.** DELLA; **B.** A; **C.** DEI; **D.** SUL; **E.** DAL; **F.** DI; **G.** PER; **H.** DI
5. *SOLUZIONE POSSIBILE* > **A.** IN SALOTTO; **B.** A MILANO; **C.** DA SARA; **D.** IN PISCINA; **E.** AL MERCATO; **F.** AL MARE
6. **A.** DALLE 10:00 ALLE 12:00 VA AL CORSO DI ITALIANO, ALLE 18:00 VA DAL DENTISTA; **B.** ALLE 13 VA IN PIZZERIA CON PAOLA; **C.** ALLE 9:30 VA AL MERCATO; **D.** DALLE 9:30 ALLE 11:30 VA AL CORSO DI INFORMATICA E ALLE 17:00 VA DA SARA; **E.** ALLE 10:30 VA IN QUESTURA; **F.** DALLE 16:00 ALLE 18:00 VA IN PISCINA; **G.** ALLE 10:00 VA AL PARCO E ALLE 19:00 VA AL CINEMA
7. **A.** SOPRA; **B.** DAVANTI; **C.** VICINO; **D.** DENTRO; **E.** A SINISTRA; **F.** A DESTRA
8. **A.** È DENTRO IL CESTINO; **B.** SONO SOTTO LA POLTRONA; **C.** DI FIANCO AL TAPPETO; **D.** DI FIANCO AL COMODINO; **E.** È SOTTO LA FINESTRA; **F.** È TRA IL CESTINO E IL LETTO; **G.** È TRA LA SCRIVANIA E L'ARMADIO
9. **A.** SOPRA; **B.** LONTANI DALLA; **C.** DENTRO LA; **D.** DAVANTI AGLI; **E.** A DESTRA; **F.** SUL
10. **A.** COSA C'È DAVANTI ALLA CASA?; **B.** COSA C'È DENTRO IL FORNO?; **C.** COSA C'È SOTTO L'ALBERO?; **D.** COSA C'È DIETRO ALLA NUVOLA?; **E.** COSA C'È DI FIANCO ALLA BOTTIGLIA?; **F.** COSA C'È TRA LA DOCCIA E LA LAVATRICE?; **G.** COSA C'È DI FRONTE AL LAVANDINO?; **H.** COSA C'È IN MEZZO ALLA PIAZZA?

14. GLI AVVERBI

1. **A.** SPESSO; **B.** SEMPRE; **C.** SPESSO; **D.** NON SONO MAI; **E.** SPESSO; **F.** QUALCHE VOLTA; **G.** QUALCHE VOLTA.
2. A/4; B/6; C/1; D/2; E/7; F/3; G/5
3. **A.** SEMPRE; **B.** NON, MAI; **C.** RARAMENTE; **D.** SPESSO; **E.** QUALCHE VOLTA; **F.** RARAMENTE; **G.** QUALCHE VOLTA
4. **A.** ABBASTANZA; **B.** POCO; **C.** TROPPO; **D.** NIENTE; **E.** MOLTO
5. **A.** MOLTO; **B.** POCO; **C.** TROPPO; **D.** MOLTO; **E.** NIENTE; **F.** ABBASTANZA